- 本书为国家自然科学基金项目"基于纵向组织关系的西部地区农民专业合作经济组织营销渠道力研究"(71163024)、内蒙古农产品流通创新团队（NMGIRT1306）、内蒙古自治区哲学社会科学规划项目"农民专业合作经济组织参与内蒙古精准扶贫的对策研究"（2015B014）的成果。
- 本书由内蒙古财经大学资助出版。

合作社与经销商关系质量

the Relationship Quality
between Cooperatives and the Dealers

钟 敏 / 著

经济管理出版社
ECONOMY & MANAGEMENT PUBLISHING HOUSE

图书在版编目（CIP）数据

合作社与经销商关系质量/钟敏著．—北京：经济管理出版社，2016.3
ISBN 978-7-5096-4262-7

Ⅰ.①合… Ⅱ.①钟… Ⅲ.①农业合作社—关系—经销商—研究—中国 Ⅳ.①F321.42 ②F721.2

中国版本图书馆 CIP 数据核字（2016）第 035564 号

组稿编辑：王光艳
责任编辑：许　兵
责任印制：黄章平
责任校对：超　凡

出版发行：经济管理出版社
（北京市海淀区北蜂窝 8 号中雅大厦 A 座 11 层　100038）
网　　址：www.E-mp.com.cn
电　　话：（010）51915602
印　　刷：北京玺诚印务有限公司
经　　销：新华书店
开　　本：720mm×1000mm/16
印　　张：9.75
字　　数：201 千字
版　　次：2018 年 4 月第 1 版　2018 年 4 月第 1 次印刷
书　　号：ISBN 978-7-5096-4262-7
定　　价：58.00 元

·版权所有　翻印必究·

凡购本社图书，如有印装错误，由本社读者服务部负责调换。
联系地址：北京阜外月坛北小街 2 号
电话：（010）68022974　邮编：100836

序

随着经济全球化进程的加快,我国农业产业化和市场化得到了迅猛发展,以买方为主导的农产品市场流通体系已初步形成。与此同时,农村家庭承包责任制体制下"小农户"经营和现代化农业所要求的"大市场"之间的矛盾也日益突出。农产品流通不畅、农产品流通体系绩效低且交易关系不稳定等问题成为制约我国农业产业化、市场化、现代化的"瓶颈",也影响了我国解决"三农"问题基本国策的落实和我国国际地位的提高。农民专业合作社把小农户引入大市场,使外部经济内部化,可以减少交易频率,降低交易成本,将农产品市场从以往的完全竞争市场向区域的卖方垄断竞争市场转变,增加农民分享市场经济收益的份额。但农民专业合作社在迅猛发展的同时也遇到很多问题:注册数量多,总体竞争力弱,对社员带动力不强;结构松散,与渠道下游成员协作不紧密,合作关系不稳定。因此,有必要把合作社嵌入到农产品营销渠道链条,探索合作社与经销商的渠道关系构成要素,分析二者的渠道关系作用机理,对农民专业合作社实现渠道管理,构建高效农产品流通渠道,确保农产品的质量安全具有重要意义。

本书系统回顾了农产品流通理论、合作社理论和渠道关系理论的相关研究,确立了合作社与渠道关系相结合的研究框架,首先,以合作社为核心企业,探讨农产品流通渠道中合作社与经销商的渠道关系。其次,在对合作社基本情况与发展成效阐述的基础上,分析了全国29个省(自治区、市)合作社的流通竞争力现状。再次,探讨了农产品流通渠道中合作社与经销商关系的运行机理,构建了"渠道关系行为—渠道关系质量—渠道合作"的概念模型,运用结构方程进行了实证检验。最后,运用多案例研究方法,展示了农产品流通渠道中合作社与经销商关系的实际表现和行为细节,得出结论,并提出相应对策。

一、本书主要结论

本书得出主要结论如下:

1. 在农产品流通渠道中,各地区合作社竞争力差异较大

本书利用合作社的横截面数据,分析了农产品流通渠道中各地区合作社的竞

争力现状，研究发现：第一，江苏省的合作社在流通渠道中的竞争力综合得分最高，特别是强制力因子在其他省市区中排名第一；第二，处于综合能力排名第二的是山东省，其合作社的参照力很强，说明合作社的带动示范能力较强；第三，排名第三的是河南省，河南省合作社的强制力因子和参照力因子得分较高，而报酬力因子得分较低；第四，浙江省综合得分排名第四，但其报酬力排名第一，说明该省合作社在获利能力及政府扶持力度上最强；第五，排在最后三名的是青海省、宁夏回族自治区、北京市，这三个省、市、区排名靠后的主要原因是参照力因子得分较低。

2. 在农产品流通渠道中，合作社与经销商之间的关系行为对关系质量产生影响

本书在对合作社与经销商之间博弈过程分析的基础上，依据前人的研究成果，借鉴 Morgan 和 Hunt（1994）、Smith（1998）和 Dionysis（2008）的研究，把关系行为划分为沟通、资产专用性和共享价值三个维度，关系质量划分为信任、承诺和满意三个维度，在农产品流通渠道中，考察合作社与经销商之间的关系行为对关系质量的影响。研究发现：第一，在农产品流通渠道中，合作社与经销商双方的资产专用性投资与信任之间存在显著的正相关关系，但双方的资产专用性投入对承诺影响不显著；第二，在农产品流通渠道中，合作社与经销商双方的共享价值与信任、满意之间存在显著的正相关关系，但共享价值对承诺的影响不显著；第三，在农产品流通渠道中，合作社与经销商双方的沟通与信任、渠道满意之间存在显著的正相关关系。

3. 在农产品流通渠道中，合作社与经销商之间关系质量内部的三个维度（信任、承诺、满意）之间互相影响，并对渠道合作产生正向影响

研究发现：第一，在农产品流通渠道中，合作社与经销商之间的信任对承诺具有正向影响。第二，在农产品流通渠道中，合作社与经销商之间的满意对承诺影响不显著。第三，合作社与经销商之间关系质量的三个维度都对渠道合作产生显著正向影响，影响程度最强的是承诺，其次是信任，最后是满意。

4. 在合作社与经销商之间渠道关系的运行中，关系质量是关系行为作用于渠道合作的传导机制

本书探讨了农产品流通渠道中合作社与经销商关系的运行机理，构建"渠道关系行为—渠道关系质量—渠道合作"的概念模型，以 290 个合作社为样本，运用结构方程，借鉴四步的逐步分析法（Causal Steps Approach；Baron and Kenny，1986），检验了关系质量的中介效应。研究发现，关系行为的三个维度作用于渠道合作的路径不同，但总体来看，关系质量的每个维度都起到了一定的中介作用。

5. 在农产品流通渠道中，合作社与经销商之间的信任与承诺具有互动性

本书运用多案例研究方法，以内蒙古自治区为例，针对农区、牧区以及半农半牧地区的典型合作社进行了深度访谈，通过受访者的描述，展示了农产品流通渠道中合作社与经销商关系的实际表现和行为细节。研究发现：第一，在合作社与经销商的渠道对偶关系中，沟通不畅和机会主义会对信任产生负面影响；第二，在合作社与经销商的渠道对偶关系中，提升共享价值和增加资产专用性投入会对渠道信任产生正向影响；第三，在合作社与经销商的渠道对偶关系中，双方的信任和承诺具有互动性，经销商的承诺行为会影响到合作社对经销商的信任，合作社的信任又影响其承诺意愿和承诺表达。

二、本书创新点

本书在继承现有研究成果的基础上，还具有一定的创新性，创新点体现如下：

第一，确立了合作社嵌入农产品营销渠道系统的研究框架。本书以内蒙古地区为例，以合作社为核心企业，将微观个体（合作社）嵌入到整个农产品营销渠道链条这个大系统中，以解决农产品流通供需不畅为目标，探讨农产品流通渠道中合作社与经销商的关系，运用西方营销渠道理论中的渠道关系理论研究我国农产品流通中的实际问题，研究的视角具有一定的创新性。

第二，构建了农产品流通渠道中合作社与经销商关系模型。本书深入分析了农产品流通渠道中合作社与经销商关系的构成要素，阐释了双方的渠道关系运行机理，构建了渠道关系理论模型，并运用结构方程进行了实证检验，得出了渠道关系经验模型和路径系数，对提升合作社与经销商之间的渠道关系质量，实现紧密合作提供了新的思路。

第三，通过案例研究，剖析了农产品流通渠道中合作社与经销商合作关系的实际表现和行为细节，发现了在合作社与经销商的渠道对偶关系中，高度的共享价值和资产专用性以及沟通障碍和机会主义行为分别对双方的信任产生正面和负面影响。与此同时，双方的信任和承诺具有互动性，互相转化。这一研究结论对于指导合作社构建、发展和维护渠道关系、实施渠道管理具有实践价值。

本书为国家自然科学基金项目"基于纵向组织关系的西部地区农民专业合作经济组织营销渠道力研究"（71163024）、内蒙古农产品流通创新团队（NMGIRT 1306）、内蒙古自治区哲学社会科学规划项目"农民专业合作经济组织参与内蒙古精准扶贫的对策研究"（2015B014）的成果。本书由内蒙古财经大学资助出版。

目　　录

第1章　导论 ·· 1

  1.1　选题背景与研究意义 ··· 1

    1.1.1　选题背景 ··· 1

    1.1.2　选题意义 ··· 2

  1.2　关键词及研究内容 ·· 4

    1.2.1　关键词 ·· 4

    1.2.2　研究内容 ··· 6

  1.3　研究方法与技术路线 ··· 7

    1.3.1　研究方法 ··· 7

    1.3.2　技术路线 ··· 7

  1.4　创新点 ··· 8

第2章　理论与文献述评 ·· 10

  2.1　理论基础 ··· 10

    2.1.1　渠道范式演进 ·· 10

    2.1.2　交易成本理论 ·· 11

    2.1.3　资源依赖理论 ·· 12

  2.2　农产品流通研究现状 ··· 13

    2.2.1　国外研究现状 ·· 13

    2.2.2　国内研究现状 ·· 13

  2.3　渠道关系的研究现状 ··· 14

    2.3.1　渠道关系内涵 ·· 14

    2.3.2　渠道关系相关研究 ·· 15

    2.3.3　渠道关系质量研究 ·· 16

2.4 合作社的研究现状 …………………………………………………… 22
　　2.4.1 合作社的相关研究 …………………………………………… 22
　　2.4.2 基于合作社的渠道关系研究 ………………………………… 24
2.5 文献述评 ……………………………………………………………… 25

第3章 合作社发展现状与竞争力现状 …………………………………… 27

3.1 合作社发展现状 ……………………………………………………… 27
　　3.1.1 基本情况 ……………………………………………………… 27
　　3.1.2 发展成效 ……………………………………………………… 32
3.2 合作社在农产品流通渠道中的竞争力现状 ………………………… 35
　　3.2.1 竞争力分析的指标体系 ……………………………………… 35
　　3.2.2 竞争力分析的数据处理 ……………………………………… 36
　　3.2.3 竞争力分析结果 ……………………………………………… 41

第4章 农产品流通渠道中合作社与经销商关系概念模型构建 ………… 43

4.1 农产品流通渠道中合作社与经销商关系博弈分析 ………………… 43
　　4.1.1 合作社与经销商博弈关系 …………………………………… 43
　　4.1.2 合作社与经销商博弈模型 …………………………………… 44
4.2 合作社与经销商渠道关系要素维度划分 …………………………… 45
　　4.2.1 关系行为维度 ………………………………………………… 45
　　4.2.2 关系质量维度 ………………………………………………… 49
　　4.2.3 渠道合作维度 ………………………………………………… 56
4.3 农产品流通渠道中合作社与经销商关系模型构建与理论假设 …… 58
　　4.3.1 农产品流通渠道中合作社与经销商关系模型构建 ………… 58
　　4.3.2 农产品流通渠道中合作社与经销商关系要素间假设 ……… 60

第5章 农产品流通渠道中合作社与经销商关系实证研究 ……………… 66

5.1 小样本预测试 ………………………………………………………… 66
　　5.1.1 预测试的实施 ………………………………………………… 66
　　5.1.2 变量信度、效度分析 ………………………………………… 68
5.2 正式调研样本选取 …………………………………………………… 71
　　5.2.1 问卷发放与数据收集 ………………………………………… 71
　　5.2.2 样本描述 ……………………………………………………… 73

5.3 验证式因子分析 ·· 74
　5.3.1 关系行为的验证式因子分析 ······································ 76
　5.3.2 关系质量的验证式因子分析 ······································ 77
　5.3.3 渠道合作的验证式因子分析 ······································ 78
5.4 模型的统计检验 ·· 79
　5.4.1 SEM 二阶段准则 ··· 79
　5.4.2 变量多元常态检验 ·· 80
　5.4.3 违反多元常态的 bootstrap 修正 ·································· 83
　5.4.4 共同方法变异检定 ·· 86
5.5 基于结构方程的实证研究 ·· 89
　5.5.1 构建信度与效度 ··· 89
　5.5.2 模型的整体拟合检验 ··· 92
　5.5.3 模型的中介效应检验 ··· 95
5.6 结果分析与讨论 ·· 101
　5.6.1 模型路径结果 ·· 101
　5.6.2 模型结果讨论 ·· 102

第 6 章 农产品流通渠道中合作社与经销商关系多案例研究 ········· 108

6.1 合作社基本情况 ·· 108
6.2 合作社治理结构 ·· 109
6.3 调查结果与讨论 ·· 110
　6.3.1 合作社与经销商的合作情况 ······································ 110
　6.3.2 合作社与经销商的关系质量 ······································ 111
　6.3.3 结论分析 ·· 115

第 7 章 结论与未来研究设想 ·· 118

7.1 结论 ··· 118
7.2 对策 ··· 122
　7.2.1 加强渠道关系行为 ·· 122
　7.2.2 提升渠道关系质量 ·· 124
7.3 研究局限与未来设想 ·· 124
　7.3.1 研究局限 ·· 124
　7.3.2 未来展望 ·· 125

附录 …………………………………………………… 126
  附录1 调查问卷 …………………………………… 126
  附录2 标准化后的统计数据 ……………………… 130

参考文献 …………………………………………………… 132
后记 ………………………………………………………… 145

第1章

导　论

1.1　选题背景与研究意义

1.1.1　选题背景

农业作为国民经济的重要产业和关系国计民生的基础产业，受到了世界各国的普遍重视。我国政府也把解决"三农"问题作为首要问题来抓，从2004年到2015年，我国连续颁布了12个中央一号文件，从各个方面、各个维度提出思路，出台政策，旨在刺激我国现代农业的发展，进而实现国家的全面现代化。农产品的生产、流通和消费涵盖农业、工业和服务业三个产业，从供应链角度或价值链角度来衡量，三个产业之间的流通和联动关系是否紧密、是否顺畅都影响着人民生活水平的提高，也是国家现代化发展程度和文明程度的重要标志。多年来，我国农产品流通体系一直存在着产销不能有效衔接、流通环节多、流通成本高、组织化程度低、交易关系不稳定等诸多问题，严重影响农民增收、农业增效和农民生活水平的提高。完善我国农产品流通体系，畅通我国农产品流通渠道已经成为切实解决"三农"问题的重中之重。追根溯源，导致我国农产品流通不畅的根本性问题是生产环节的"小农户经营"和流通环节的"大市场经营"之间存在着不和谐、不可调和的矛盾。探寻在流通体系中化解"小农户"和"大市场"矛盾的有效路径，成为摆在我们面前的重大课题。

农民专业合作社（以下简称合作社）作为流通渠道主体，将分散的农户联结起来，将"小农户"变为"大农户"，与大市场有效对接，使外部经济内部化，可以减少交易频率，将农产品市场从以往的完全竞争市场向区域的卖方垄断竞争市场转变，可保证农民的合理增收、降低生产和交易成本，加快农产品的流通速度。截至 2013 年底，全国合作社总数达 88.4 万个，合作社数量大幅度增加，质量稳步提高，实有成员已经达到 4776.0 万个（户），带动非成员农户数量也有了很大幅度的提高，从数量上来说已达 6130 万户①，有效起到小农户和大市场之间的衔接作用，在促进农民增收，推进农业专业化生产，实施品牌化经营，扩大农产品的流通方面，起到了很好的带头作用。

2013 年的中央一号文件《关于加快发展现代农业，进一步增强农村发展活力的若干意见》②，是党中央连续发布的第十个锁定"三农"的一号文件，明确提出支持合作社开展农产品流通，这一政策的提出，是对合作社在农产品流通渠道领域作用的肯定。通过实施"新网工程"和"农超对接""农校对接""农社对接"等途径，合作社在探索农村鲜活农产品流通体系建设和解决农民"卖难"、市民买贵等方面提供了有益的尝试。但同时，我们也看到，合作社在开展农产品流通中也暴露出很多问题，注册数量多，总体竞争力弱，结构松散，与下游经销商协作不紧密，关系不稳定，严重影响了流通效率。在这种情况下，正确对待我国合作社的发展现状，分析合作社与经销商的合作关系，探讨双方关系的运行机理，对于合作社与经销商实现紧密合作，构建高效农产品流通渠道、确保农产品质量安全具有重要的意义。

1.1.2 选题意义

本书基于农产品流通理论、合作社理论与渠道关系理论，聚焦于"农产品流通渠道中合作社与经销商关系"这一基本问题，探讨合作社与经销商渠道关系的运行机理，进行理论模型构建与实证检验，具有重要的理论意义和现实意义。

1.1.2.1 理论意义

第一，拓展了渠道关系的本地化研究。渠道关系研究在国外成果丰富，本土研究较少。我们发现国外营销渠道关系研究的前提条件是相对成熟的市场体系，宏观环境对其影响较弱，主要集中在组织建立与渠道行为控制方面，对渠道系统与渠道主体的评价、维护、调适与发展等方面的动态研究较少。本书将国外营销渠道关系研究的结论在中国进行本地化检验，探讨不同渠道环境下各要素对渠道关系的影响机理，具有重要的理论意义。

第二，丰富了合作社的理论体系。合作社是农业产业中非常重要的组织，兼

---

① 农业部农村经济体制与经营管理司. 全国农村经营管理统计资料（2013 年）[M]. 北京：中国农业出版社，2013.

② 中共中央国务院关于加快发展现代农业，进一步增强农村发展活力的若干意见[N]. 人民日报，2013 – 2 – 1（001）.

有企业和利益共同体双重属性，在中国农村经济稳定与发展中处于核心中介位置。当前的研究主要集中在合作社的动因、治理机制以及产权等方面，基于企业层面的研究较少。从企业的视角来看，合作社作为市场经济体系中的微观主体，其内部运营机制、外部市场效率以及合作能力等还处于较低的水平，相关的研究也尚未完善。本书基于合作社企业属性的层面，把合作社作为微观主体，探讨它的关系行为、关系质量与合作行为，可进一步丰富和完善合作社的理论体系，引导和规范其市场行为。

第三，将渠道关系研究拓展到合作社层面。目前渠道关系的研究对象较广，大多集中在工业产品，涉及的行业有家电、汽车、零售、电信与服务行业等，在合作社层面的研究较少。合作社作为市场经济体制的重要制度供给，能够以市场主体的身份进入流通领域，将原有的交易成本转化为收益剩余，是重要的流通主体。本书基于合作社的渠道主体身份，把合作社嵌入到农产品流通渠道的链条上，基于渠道关系的视角，探讨农产品流通渠道中合作社与经销商的关系，研究双方的渠道关系运行机理，实现紧密合作，是我国当前渠道关系研究的一个重要方向。

1.1.2.2 实践意义

第一，对合作社构建渠道关系、进行渠道管理，提供指导。在世界经济全球化的背景下，农业经营活动在全球范围内展开，各国合作社发生了很大变化，为了提高竞争力，大批合作社重新定位在渠道中的作用。本书以内蒙古地区为例，基于实地调研和案例总结，研究农产品流通渠道中合作社与经销商之间的合作关系，探讨了渠道成员间互信和彼此承诺的生成与转化机制，有利于解决合作中的沟通不畅和机会主义行为，对合作社构建、发展和维护渠道关系，进行渠道管理，提供指导价值。

第二，对提高农民收入、实现流通现代化，提供思路。在农产品流通渠道中，合作社与经销商实现紧密合作，从交易费用的视角来看，购销双方都不必盲目寻找交易对象，节约的交易成本自然会转化成为农民增加的收入；从风险控制的视角来看，合作社与经销商签订长期合同，按照经销商的要求进行订单农业的生产，作为农户组织者的合作社，能够更好地控制社员生产、加工农产品的品质和产量，以极小的成本转接了原本经销商所要承担的成本与风险，有利于提高经销商依靠合作社进行农产品生产的积极性，也有利于合作社建立稳定的销售渠道，还能得到更多的外部技术和资金支持。因此，合作社与经销商双方的紧密合作，能解决流通渠道效率低下问题，对于提高农民收入，推动农产品流通现代化，构建畅通、高效的流通渠道，实现无缝对接，具有极其重要的实践意义。

第三，对确保农产品质量安全、增加流通竞争力，具有实践价值。农产品流

合作社与经销商关系质量

通渠道中,合作社和经销商的紧密合作,从品牌建设的视角来看,有利于农产品渠道成员建立自己的品牌,提高产品品质,实行质量可追溯,对农产品的生产、运输和销售过程进行全产业链监控,有利于提高产品品牌的可信度,保障农产品质量安全;从流通效率来看,农产品由于保质期短、易腐烂变质、季节性强等特点,要求农产品在采摘之后能够及时销售,合作社与经销商的紧密合作,能够保证农产品采摘之后的及时销售,减少了中间环节,保证了农产品的流通时限,降低了产品腐损率,从而保证了农产品的新鲜度和品质,在保证农产品质量的同时,也在一定程度上增加了农产品流通的竞争力。因此,农产品流通渠道中合作社与经销商之间构建紧密合作关系,对确保农产品的质量安全、增加流通的竞争力,具有实践价值。

1.2 关键词及研究内容

1.2.1 关键词

1.2.1.1 农民专业合作社

农民专业合作社作为农业产业化进程中的重要组织,国内外学者都对其内涵做了深入研究,其中就一些具有代表性的观点陈述如下:

国际合作社联盟(ICA)对农民专业合作社的定义是"农民专业合作社是指人们自愿联合、通过共同所有和民主管理的企业,以满足经济、社会和文化需求和愿望的一种自治组织"。也有学者认为农民专业合作社是由使用者所有并管理的商业组织,并按照交易额将收益分配给所有社员(Barton et al., 1996)①。该定义既指出了农民专业合作社具有商业组织性质,又强调了农民专业合作社按交易量或交易额利益分配原则。

Sexton 和 Iskow(1990)从所有权和控制权的角度将农民专业合作社定义为一个由使用者共同拥有和共同控制,并以实现其成员利益最大化为目标的社会组织②。

我国学者李瑞芬指出,农民专业合作社是由从事同类产品生产经营的农户

---

① Moller, L. G., A. M. Featherstone and D. G. Barton, Sources of Financial Stress in Agricultural Cooperatives [J]. Journal of Cooperatives, 1996(11): 38–50.

② Sexton, R. J., Iskow Imperfect Competition in Agricultural Markets and the Role of Cooperatives: A Spatial Analysis [J]. American Journal of Agricultural Economics, 1990, 72(3): 709–720.

(专业户)自愿组织起来,在技术、资金、信息、购销、加工、储运等环节实行自我管理、自我服务、自我发展,以提高竞争能力、增加成员收入为目的的专业合作组织。

《合作社法》指出,农民专业合作社是在农村家庭承包经营基础上,同类农产品的生产经营者或者同类农业生产经营服务的提供者、利用者,自愿联合、民主管理的互助性经济组织。

基于对国内外文献的梳理,本书认为"农民专业合作社是维护农民利益的、由农户所有并管理的经济组织形式,是一种兼有企业和共同体双重属性的社会经济组织"。

本书将农民专业合作社简称为合作社。

1.2.1.2 农产品流通渠道

流通渠道的概念容易混淆,根据不同的现象,学者就有了不同的定义:

伯特(2004)认为,是与公司外部关联的、达到公司分销目的的经营组织[1]。卡夫兰(2004)认为,是由相互依赖的机构组成,他们致力于促使一项产品或服务能够被使用或消费这一过程[2]。

诺森步鲁姆则认为,是由外部契约组织构成,这些组织通过渠道管理运作来实现分销目标[3]。

上述关于流通渠道的定义虽然有所差别,但共同拥有的三个基本构件是:一是由一系列相互依赖的独立组织组成。二是一个过程而不是一个事件。三是相互独立的成员通过契约连接在一起来共同运作。

基于以上的定义分析,本书把农产品流通渠道界定为,为了促使农产品或者相关服务被顺利消费或者使用,从而使农产品从生产者到最终消费者的过程中所建立起来的一系列关系的组合。

1.2.1.3 渠道关系

所谓渠道关系,是指营销渠道中各相互依赖的独立机构为促使产品或服务被消费所构成的联系(李先国等,2011)[4],它发生在不同的法人之间,以渠道成员之间的关系尤为重要。

Styles 和 Ambler(2003)认为,渠道关系是指整个渠道网络的长期性、互利性、互动性的关系[5]。

---

[1] [美] Bert Rosenbloom. Marketing Channels:A Management View [M]. China Machine Press,2004 (6):8.

[2][3] 戴亦一. 市场营销渠道 [M]. 北京:朝华出版社,2004.

[4] 李先国,王小洋. 渠道关系理论研究综述及发展趋势 [J]. 经济学动态,2011 (5):94-97.

[5] Styles & Ambler. The Future of Relational Research in International Marketing:Constructs and conduits [J]. International Marketing Review,2003,17 (6):492-508.

渠道关系通常有四种不同的形态：横向的渠道关系、纵向的渠道关系、类型间的渠道关系和多渠道的关系。横向的渠道关系发生在不同渠道、同一层次的企业间；纵向的渠道关系是发生在同一渠道的、不同层次的企业间；类型间的渠道关系发生在同一渠道、同一层次的、不同类型企业间；多渠道的关系发生在同一企业的不同渠道间。为了更好地促进成员间的交易，成员之间要保持信任和关系承诺。渠道关系一般是指纵向的渠道关系。

基于以上的分析，本书把渠道关系界定为，同一渠道中各成员之间交往的状态和合作深度。

1.2.1.4 关系质量

早期由 Crosby 及其同事（Crosby、Evans and Cavles，1990）在服务营销领域提出关系质量的概念，他们认为，关系质量就是顾客在以往消费满意的基础上，对销售人员未来行为的诚实与信任的依赖程度。基于顾客导向，一般在关系营销的文献中对关系质量的理解也是以顾客的感知为立论起点的。

通常认为是从顾客需求的角度出发，双方关系满足顾客参与关系的需求的适宜程度（Hening Thurar and Klee，1997）。基于以上分析，本书对关系质量的定义：关系质量是指企业根据一定标准，对于互动关系满足各自需求程度的联合认知评价。它是感知总质量的一部分。其实质是指能够增加企业提供物的价值，增强关系双方的信任与承诺，维持长久关系的一组无形利益。

1.2.2 研究内容

第1章，导论。介绍本书的选题背景与研究意义、研究内容与方法、创新点等。

第2章，理论与文献述评。对农产品流通、渠道关系理论、合作社理论进行述评。

第3章，合作社发展现状与竞争力现状。对合作社的发展现状进行分析，并对各地区合作社在流通渠道中的竞争力现状作出分析。

第4章，农产品流通渠道中合作社与经销商关系概念模型构建。以合作社为核心企业，探讨合作社与经销商的关系构成要素，探讨合作社与经销商的渠道关系过程机理，并构建渠道关系理论模型。

第5章，农产品流通渠道中合作社与经销商关系实证研究。对理论模型开展实证研究设计与实施，对信度、效度进行检验，运用结构方程对合作社与经销商的渠道关系模型进行实证检验。

第6章，农产品流通渠道中合作社与经销商关系多案例研究。运用多案例的研究方法，通过对典型合作社进行深度访谈，验证第4章的渠道关系理论模型，展示了合作社与经销商之间渠道关系的实际表现和行为细节。

第7章，结论与未来研究设想。得出主要结论并提出对策，指出研究的局限和对未来研究的展望。

1.3 研究方法与技术路线

1.3.1 研究方法

第一，文献梳理法。在对国内外大量文献梳理的基础上，分析目前文献的不足，找准研究的切入点和拟解决问题的关键点。在对文献梳理的基础上，构建研究的理论框架，对运行机理进行演绎推理，并提出相应的假设。

第二，统计分析法。主要包括竞争力分析、问卷设计和描述性统计。首先，基于横截面数据，对合作社的发展现状以及各地区合作社在农产品流通渠道中的竞争力现状展开分析。其次，参考国外权威文献并结合国内研究，设计调查问卷，对内蒙古自治区各地合作社进行实地调研，根据调查的一手数据，对调查对象的基本特征和合作社基本情况，运用SPSS软件，进行统计分析。

第三，结构方程模型（Structural Equation Modeling，SEM）。SEM是对于各种因果模型进行模型识别、估计与验证的统计方法。本书根据大样本的调查数据，运用结构方程模型，对农产品流通渠道中合作社与经销商的关系模型进行论证，考察"渠道关系行为—渠道关系质量—渠道合作"的运行机理。

第四，多案例的研究方法。单个案例很难将研究结论一般化，多个案例的分析结果具有相似性，研究具有可重复性，研究结果可信度较高。农产品流通渠道中合作社与经销商关系较为复杂，采用多案例研究有助于展现合作社与经销商关系的行为细节和实际表现。

1.3.2 技术路线

本书研究采取"理论研究—实证研究—案例研究—政策建议"的四步骤技术路线，见图1-1。

本书研究思路如下：本书首先从渠道结构、渠道行为和渠道关系三个阶段对渠道的范式进行发展演进，并在交易成本理论、资源依赖理论分析的基础上，系统地回顾了农产品流通、合作社和渠道关系的相关研究，确立了合作社嵌入到农产品营销渠道的研究框架，以合作社为核心企业，探讨合作社与经销商的渠道关

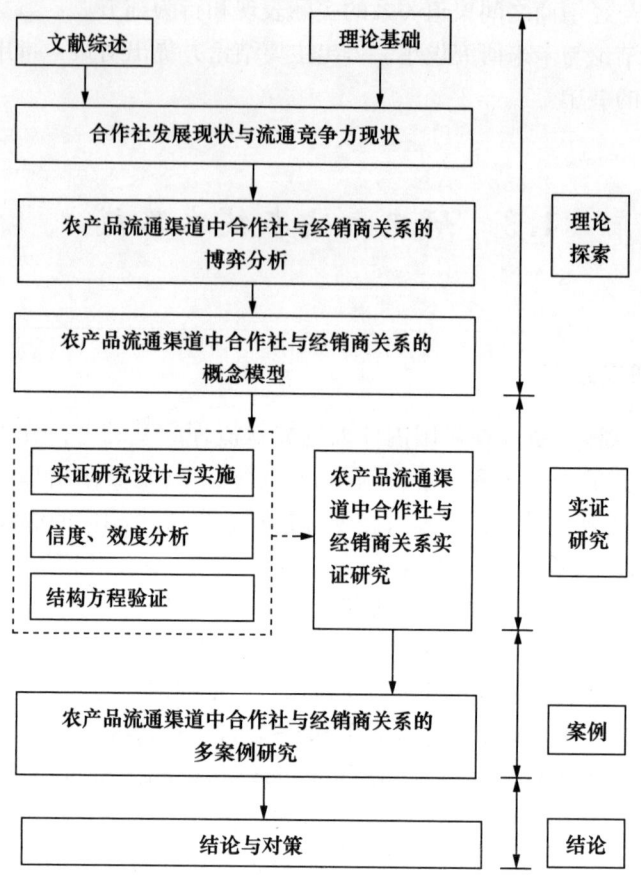

图 1-1 本书的技术路线

系。其次,对合作社的发展现状以及各地区合作社在流通渠道中的竞争力现状展开分析。再次,探讨了农产品流通渠道中合作社与经销商之间渠道关系的运行机理,构建"渠道关系行为—渠道关系质量—渠道合作"的概念模型,运用结构方程进行实证检验。最后,运用多案例研究方法,展示了合作社与经销商之间合作关系的实际表现和行为细节。

1.4 创新点

第一,确立了合作社嵌入农产品营销渠道系统的研究框架。本书以内蒙古自治区为例，以合作社为核心企业，将微观个体（合作社）嵌入到整个农产品营销渠道链条这个大系统中，以解决农产品流通供需不畅为目标，探讨农产品流通渠道中合作社与经销商的关系，运用西方营销渠道理论中的渠道关系理论研究我国农产品流通中的实际问题，研究的视角具有一定的创新性。

第二，构建了农产品流通渠道中合作社与经销商关系模型。本书深入分析了农产品流通渠道中合作社与经销商关系的构成要素，阐释了双方的渠道关系运行机理，构建了渠道关系理论模型，并运用结构方程进行了实证检验，得出了渠道关系经验模型和路径系数，对提升合作社与经销商之间的渠道关系质量，实现紧密合作，提供了新的思路。

第三，通过案例研究，剖析了农产品流通渠道中合作社与经销商合作关系的实际表现和行为细节，发现了在合作社与经销商的渠道对偶关系中，高度的共享价值和资产专用性以及沟通障碍和机会主义行为分别对双方的信任产生正面和负面影响。与此同时，双方的信任和承诺具有互动性，互相影响。这一研究结论对于对指导合作社构建、发展和维护渠道关系，实施渠道管理具有实践价值。

第 2 章

理论与文献述评

本章在对渠道范式演进的基础上,对农产品流通、渠道关系以及合作社的相关研究进行评述。

2.1 理论基础

2.1.1 渠道范式演进

各国学者对渠道演进的研究已有近百年的历史,其中美国学者 Wilkinson 在 21 世纪初,提出结构、行为、关系三个阶段演进过程。具体如下:

20 世纪 20 年代渠道结构理论开始兴起,学者们关于营销渠道的研究主要集中在渠道效率和渠道效益两个方面,主要以经济学分析为主要手段。

20 世纪 50 年代开始,关于渠道结构理论的研究向渠道体系方面延伸,对于营销渠道的研究在 1954~1973 年达到了高峰,研究主要集中在渠道效率方面以及渠道的纵向一体化方面,所形成的理论也为渠道理论发展提供了基础。

20 世纪 60~80 年代,渠道行为理论兴起,研究主要集中在渠道的冲突以及渠道权力的来源、使用和衡量等方面。

20 世纪 80 年代,渠道关系理论兴起,学者们认为,在渠道内建立合理的渠道关系,可以增加渠道成员间相互交流和协商,这对于解决渠道内部和外部的问题是有帮助的。所以,这段时间的研究主要集中在对渠道关系的建立和维护以及渠道关系适用的情境等方面。

渠道关系的演变过程如图 2-1 所示。

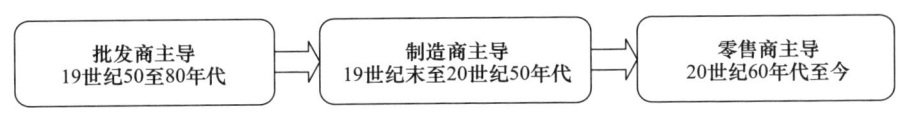

图 2-1 国内外渠道关系演变过程

渠道关系体现为交易型、关系型以及混合型三种：

第一，交易型渠道关系。在交易型渠道关系中，交易双方以交易行为为基础，所以双方一般从切身利益出发，只考虑短期性交易，并且大多具有确定的开始与结束时间。通常，交易型渠道关系中各渠道成员是相互独立的，除了交易过程中的规则限制外，几乎没有有效的约束和监督机制，会出现投机行为。

第二，关系型渠道关系。在关系型渠道关系中，受前期合作的影响，以感情、信任为基础，是一个循序渐进的过程，在这个过程中，渠道成员间通过沟通、交流，进而达成合作，如此反复，成员都有意愿通过相互承诺与合作进行交流与活动，来维持长久的合作关系，并不断朝着渠道成员的共同利益与目标而努力。

第三，混合型渠道关系。介于交易型与关系型渠道关系之间，或者偏向交易型，或者偏向关系型，随着市场环境以及相互合作的深化，逐步由短期性关系向长期合作关系转化。

近年来，关系范式和结构范式、行为范式等理论学派趋向交叉融合，渠道研究的广度和深度不断推进，丰富了渠道研究的理论体系。

2.1.2 交易成本理论

科斯于20世纪30年代，在《企业的性质》一文中提出交易成本理论，他打破了交易成本为零的观念，认为任何交易都会产生正成本。他认为交易成本是指市场机制运行的费用，交易成本包括搜寻交易信息成本、谈判、签约和监督合约的成本。

威廉姆森在科斯的基础上，将交易成本分为事前成本和事后成本，威廉姆森（1985）研究认为，产生交易成本的原因，来源于有界限的理性与机会主义行为、复杂性和不确定性、小量交易与信息的不对称性以及氛围等方面。对这一原因继续深化，我们发现交易成本的产生取决于交易成本的特征，包括资产的专属特征、交易的不确定特征以及交易的频率特征三个方面。该理论的主要目的是研究如何采取有效措施以使生产成本和交易成本实现最小化。

由此可见，交易成本理论为提升渠道成员间的关系质量提供了理论依据，渠道成员为了使生产成本和交易成本实现最小化，都尽力维护渠道关系。渠道成员建立渠道关系后，通过合作建立相互信任关系，可有效降低因营销渠道运作中的重复浪费和短期交易过程中普遍存在的交易费用。营销渠道中合作社与经销商的渠道合作关系是建立在"双赢"理念基础上的新型渠道关系，双方都将注意力放到合作双方共同利益之上，而不仅仅是关心自身的成本与利益，通过建立长期友好的、互利互惠的合作关系，共同实现提高渠道绩效目的。

2.1.3 资源依赖理论

资源依赖理论又称为资源基础理论，产生于美国，在20世纪70年代得到蓬勃发展。主要代表人物是费佛尔与萨兰奇科。

2.1.3.1 资源依赖的内涵

资源依赖理论认为，组织是资本的集合，组织成长是内部资源和外部资源共同作用的结果，组织内部资源与可获得性决定了组织在某个时点上扩张的方向和程度，组织还会受到外部机遇的影响。因此，我们可以认为组织的行为要依赖一定的环境，具体来说体现在以下两个方面：一是组织的行为是基于组织本身的利益来考虑的；二是基于环境的不确定性，任何一个组织必须依靠外部环境。

资源依赖理论有三个基本前提：一是组织要依赖于环境之中；二是组织还可以调整对环境的依赖程度；三是对环境的认识常常是一个行为过程。资源依赖性分为外生依赖与内生依赖，内生依赖来源于双方资源，外生依赖性来源于资源的不可替代性。

2.1.3.2 资源的差异性

渠道成员之间的资源差异性是渠道关系建立的主要因素。资源的不可转移性、难以模仿性、不可替代性这三个特征是形成资源差异性的主要原因。

资源具有不可转移性，主要是指公司的声誉，以及如果发生转移将失去其大部分价值的组织文化等。

资源的难以模仿性，是指由于资源稀缺无法模仿，或者由于无法确定资源导致成功的原因，使得复制有价值的资源非常困难。资源的不可替代性，是指由于资源发生替代，而产生高额成本。

对于合作社来说，它是农民的联合体，因其自身的弱势地位，对外部资源的依赖和需要更为迫切，而且，合作社是在以人际关系为核心的传统文化土壤中产生和成长的，合作社与经销商之间的合作就是基于双方资源的差异性，双方的关系合作过程就是对外部资源的获取过程。

2.2 农产品流通研究现状

2.2.1 国外研究现状

农产品流通的研究最早在美国开始，国外学者的研究主要集中在以下方面：

第一，农产品流通研究的起源。美国学者John F. Growell 在20世纪初，首次提出农产品的配送问题，并研究了农产品配送成本的影响因素，是目前农产品流通最早的研究。L. D. H. Weld 和 F. E. Clark 于20世纪30年代，对农产品流通的运输、存储、标准化等问题进行了专业化界定。

第二，基于农产品物流的视角。20世纪90年代，Matthew T. G. Meulenberg 认为，建立营销合作社，形成规模优势，可节约物流成本。有学者认为，基于全产业链视角进行农产品流通，可提高效率。随着20世纪流通渠道的变革，供应商应该调整生产和服务，满足多元需求流通环节不断变革也使各环节联系更紧密。

第三，20世纪末，Zumbier对食品环节的供应链进行了界定，加强供应链各环节的管理，可提高流通效率。WbodS、Elizabeth指出，通过绿色供应链管理，各节点组织可形成战略联盟，增强竞争力。

第四，信息平台。进入21世纪，Qiu Zhongquan指出信息化是农产品供应链的核心，建立信息平台有利于节约流通成本，加快流通效率。

第五，质量可追溯的视角。Mazaud 和 Frankois 认为质量可追溯系统应该广泛应用到农产品贸易中，在供应链领域采用质量追溯系统能保障食品安全。

第六，流通效率。Kumar 和 Chahal 都以印度为例，分别基于不同的视角对流通效率进行了测评，研究发现流通成本过高是流通效率下降的主要原因。

2.2.2 国内研究现状

国内农产品流通的研究主要集中在国外经验的借鉴、农产品流通模式创新、流通现代化、流通效率以及流通政策和流通体系方面。

第一，国外经验的借鉴。学者们对国外经验借鉴的研究较多，主要针对日本、美国、法国、韩国等国家流通模式进行介绍，比较差异性和趋同性，为我国农产品的流通提供了经验和启示（孙蕊、齐天真、温孝卿，2014）。

第二，农产品流通模式创新。学者们建议从供应链管理、合作社、渠道关系以及电子商务等方面，进行流通模式的创新。肖为群、魏国辰等学者认为应该基于供应链管理的视角进行农产品流通模式的创新。部分学者认为应该基于合作社的视角进行流通模式的创新（周殿昆，2010；张喜才，2012；王如珍，2012；等）。汤伟（2010）认为，合作社应从自身实际情况出发，从制造商角色或者经销商角色中选择一种角色，打造自己的优势，最后合作社发展到较大规模后，向渠道一体化方向发展。肖艳丽等学者提出，可以基于渠道关系视角进行农产品流通创新。还有的学者认为可以通过电子商务进行农产品流通模式创新。

第三，流通现代化。流通现代化是农业现代化的重要组成部分，学者们对流通现代化的研究主要集中在流通现代化的概念、政策和发展水平方面。部分学者对流通现代化进行了概念界定，李连英、李崇光（2012）指出了流通现代化对消费者、企业的福利并提出对策。涂洪波对当前我国与美国、日本、法国等国家农产品流通现代化关键指标进行了对比分析，指出我国的差距。

第四，流通效率。学者们对农产品流通效率的概念进行了界定并从不同视角进行了评价指标设计。周峻岗、尚杰（2015）采用 DEA 的评价方法，进行了效率模型，得出直销和农超对接最有效率。

第五，流通政策和流通体系方面。部分学者分析了当前我国农产品流通政策体系存在的主要问题，并指出了相应对策。姜长云（2012）对当前我国的流通政策进行了解读，提出了未来的发展方向。

基于以上分析，我们看到国内外学者从流通模式、流通效率、质量安全、流通政策等视角对农产品流通模式进行了研究，研究的焦点在于农产品流通模式如何创新，基于合作社的流通模式创新已经成为研究热点，合作社作为流通主体的地位正在凸显，这也是本书的研究重点。

2.3 渠道关系的研究现状

2.3.1 渠道关系内涵

2.3.1.1 国外研究

渠道关系内涵有广义和狭义之分，广义的渠道关系研究主要集中在渠道成员间所有的交易关系，具有长期性、互利性和互动性，信任与合作是重要影响要素；狭义的渠道关系研究主要集中在企业与市场的交易以及交易过程中的关系形态集合。

表2-1 渠道关系的主要观点

代表人物	主要观点
莫、纳文（1990）	保持关系的互动在于信任和沟通。关系专用性，投资过程和沟通过程是创造信任
海德、米纳（1992）	渠道成员为了保持联盟具有连续性，就要保持对对方的忠诚。维持联盟的目的是积累投资、保值增值
奥德森（1995）	渠道成员之间真正的合作关系来源于成员之间频繁的互动和共同经历足够的关键性事件
辛古瓦、贝克尔（1998）	从绩效角度来说，长期合伙关系和联盟能够带来更多利润
顾莱惕（1998）	企业选择熟悉的合作者进行交易，增进社会资本
克雷玛（1999）	渠道成员间的信任非常重要，信任是维护双方关系的重要要件
斯特恩等（2001）	联盟关系的实质是承诺和信任，上下游企业建立渠道联盟是为了保持持续竞争优势和获取超额利润
斯特恩等（2001）	选择具有互补能力的成员作为建立联盟的对象
庄贵军（2002）	渠道关系是指不同的法人之间的组织间的关系
Styles 和 Ambler（2003）	互动性、互利性关系
张闯、庄贵军（2012）	关系强度对权力的使用有重要影响
刘婷、李瑶（2013）	企业之间进行合作获得的产出

资料来源：根据王朝晖的资料整理①。

2.3.1.2 国内研究

国内学者庄贵军（2002）指出渠道关系不是组织内部的关系，主要是指组织间的关系，它发生在不同的法人之间。渠道关系以渠道成员之间的关系尤为重要。在渠道关系中，关系网络、关系强度、社会资本等对合作绩效有重要影响（蔡文著、杨慧，2014）②。

2.3.2 渠道关系相关研究

2.3.2.1 渠道生命周期

渠道关系生命周期理论源于产品生命周期以及客户生命周期理论。关于生命周期阶段的划分，学者们的观点不一。

（1）国外研究

渠道关系生命周期取决于成员的合作与差异、交易不确定性因素，需要经历关

---

① 王朝晖. 营销渠道理论前沿与渠道管理新发展 [J]. 中央财经大学学报，2003（8）：64-68.
② 蔡文著，杨慧. 龙头企业与农户渠道关系治理机制创新——以心理契约为视角 [J]. 江西社会科学，2014（1）：215-221.

系前期、关系早期、关系发展、长期关系以及最后关系五个过程。Dwyer等认为渠道关系要经历知晓、考察、拓展、承诺和解除五个过程。从"开始—进行—终止"的角度来看，后期的学者简化为关系产生、关系维护以及关系终止三个过程。

（2）国内研究

我国学者詹莉认为可以从关系考虑、关系形成、关系成熟以及关系衰退四个阶段来进行划分。李雪欣、李玉龙（2012），以案例研究的方式，对我国大型零售商和供应商的渠道关系生命周期的阶段特征进行了分析，并提出相应对策。

2.3.2.2　渠道关系治理

（1）国外研究

对渠道关系进行治理的原因在于渠道治理机制能够对渠道的关系产生影响，这种影响或正面或负面，但无论哪种都会进一步影响渠道的效率。要想对渠道关系进行有效的管理，渠道成员可以采取多种形式的渠道治理机制。Heide（1998）认为，在三种渠道关系模式（交易型、关系型和混合型渠道关系）中对渠道关系进行治理机制研究，为了能够实现治理效果，就必须采用两种或两种以上的治理机制。同时他认为交易型的渠道关系属于单边治理的范畴；关系型和混合型渠道关系，则属于双边治理的范畴。同时Heide还认为加强渠道关系治理需要从两方面入手，即加强渠道成员之间的相互信任和承诺以及强化有合作关系的渠道成员间的契约的合法权利。简言之，契约与信任是加强渠道成员关系的两种有效治理机制。在Heide研究结论的基础上，Weitz和Jap（1995）将上述两种治理机制拓展为契约、权威及规范三个方面。另外，渠道成员还可以将契约治理与所有权控制相结合或者将契约与规范相结合，从而达到对渠道关系的有效治理。

（2）国内研究

关于渠道关系的治理，在治理机制上存在误区，在制定渠道关系管理评价标准时，过多地关注渠道本身的关系特征，却忽略了渠道关系治理过程中最基本的价值要素，结果会导致治理机制决策的失误（胡保玲，2008）。蔡文著、杨慧（2014）认为以"心理契约"为基础创新渠道关系治理机制，是解决当前"治理失灵"问题的一个新途径。

2.3.3　渠道关系质量研究

渠道关系质量研究是渠道关系的研究热点。本书针对农产品流通渠道中合作社与经销商的关系展开研究，是一种企业间的关系，目的是通过提高双方的渠道关系质量，实现渠道的紧密合作。关于渠道关系质量的相关研究如下：

2.3.3.1　关系质量内涵

关系质量通常产生于两个企业之间或者企业与顾客之间，学者们分别从顾客或企业感知、价值创造、关系价值评价、心理契约等不同视角对关系质量的内涵进行诠释,本书进行了总结(见表2-2)。

表2-2 关系质量的内涵

代表人物	内容	主要观点
Roberts 等(2003);Liljander 和 Strandvik(1995);Holinlund(2001);Hennig-Thurai 和 Klee(1997)	顾客或企业感知总质量的一部分	顾客(或企业)从感知的角度,按照一定标准对双方关系状态的主观评价
Liljander 和 Strandvik(1995);Holinlund(2001)	价值创造	是价值创造过程中的无形提供物
Levitt(1983);Holinlund(2001);Hennig-Thurau 和 Klee(1997)	关系价值评价	买卖双方需求的满足程度
Gummesson(1987)	协调关系能力	强调的是对买卖双方之间存在问题的娴熟处理能力的关注
Kotter(1973);Blancero 和 Ellram(1997)	心理契约	用来衡量心理契约的重要指标
Liljander 和 Strandvik(1995);Holinlund(2001)	价值创造	是价值创造过程中的无形提供物
Hogan(2011)	关系价值	是关系承诺的驱动因素

资料来源:在姚作为的基础上整理①。

2.3.3.2 渠道背景下的关系质量维度

关系质量在渠道背景下的测量至今还没有一套成熟的测量方式,在学术界也还没有形成一致的意见,通常从 B to C 和 B to B 两个领域展开研究。

(1) B to C 领域的渠道关系质量要素

最早的渠道关系维度的探索研究基于服务营销领域中的服务质量理论研究框架。它是在服务质量的过程与结果两维度模型的基础上,研究服务本身的关系特性。早期的服务质量维度研究已经开始关注人际关系因素与互动特征。Parasuratnan Zeithaml 与 Berry 的 SERVQUAL 服务质量维度模型将服务质量维度分为有形性、可靠性、响应性、保证性与移情性五个维度,重视服务的人际互动特点,其中,响应性、可靠性、保证性与移情性等维度均包含了服务过程中的人际交互要素。然而,受分析工具与研究角度的局限,几乎所有的服务质量维度框架均忽视或者没有有效地解决服务中的互动关系问题。但是,学者们对服务质量的交际

---

① 姚作为. 关系质量的关键维度——研究述评与模型整合[J]. 科技管理研究, 2005(8): 136-141.

性、可靠性、移情性以及信任等要素的重视，为后期的关系质量维度研究开辟了一定的想象空间。

服务营销学者，Corsby 等（1990）以保险业的顾客为研究对象，研究了在服务销售中的渠道关系要素（信任与满意）与顾客忠诚度的关系。他认为渠道关系要素包含满意及信任两大维度。同时，Crosby 等还认为从提高销售效率、降低交易成本的角度出发，从顾客与推销员之间、顾客与商店之间这两个层面分析渠道关系要素，认为两个层面存在正向的、直接的关联。基于此，Storbacka 等（1994）从动态的角度考察渠道关系与企业绩效之间的联系，研究重点放在关系的延续跨度上，重视关系对企业与顾客双方的价值贡献。他们认为顾客满意、服务质量、关系力量、关系长度与关系盈利能力等相关因素联系在一起，满意、承诺、沟通与联系等是渠道关系的重要影响要素。Paliner 和 Bejou 以投资服务为研究对象，重视关系满意、卖方信任、卖方的顾客导向、销售导向、销售技能等关键性指标。Gummesson 提出，买卖双方的长期关系在于企业与顾客（或伙伴）间的互动沟通。之后，学者们从不同角度研究了多种类型的维度分析模型，维度的数量也在不断增加。

表2-3　B to C 领域的渠道关系质量要素

学者	维度划分	强调重点
Berry（1983）；Lovelock（1983）	过程与结果	服务本身具有的关系特性
Juran、Gryna 与 Brigham（1974）	五维度服务质量	契约与互动心理
Parasuratnan、Zeithaml 和 Berry（1988）	有形性、可靠性、响应性、保证性与移情性	服务的人际互动
Crosby 和 Stephens（1987）	满意及信任	顾客—员工—企业
Crosby 等（1990）	内生维度与外生变量	信任与满意是内生维度；相似与关系销售行为是外生变量
Liljande 和 Strandvik（1995）	感知服务质量分为感知关系质量与情节质量	服务交易与长期关系并存
Hennig-Thurai 和 Klee（1997）	顾客感知总质量以及信任与承诺	总质量来描述由产品质量与服务质量所组成的整体感知质量
Storbacka 等（1994）	满意、承诺、沟通与联系等	动态的角度
Roberts 等（2003）	信任、承诺、满意、冲突等	
Ulaga 和 Eggert（2006）	信任、承诺、满意	

资料来源：在姚作为的基础上整理①。

---

①　姚作为. 关系质量的关键维度——研究述评与模型整合[J]. 科技管理研究，2005（8）：136-141.

Hennig‑Thurai 和 Klee（1997）通过对关系质量内涵的研究，指出可以用总质量来描述由产品质量与服务质量所组成的整体感知质量，并将其包括在关系质量维度中。关系质量维度包括顾客感知总质量以及信任与承诺等。鉴于此，Roberts 等将服务营销背景下的渠道关系要素精简为：信任（包括对伙伴诚实的信任与对伙伴仁慈的信任）、承诺（情感承诺）、满意、冲突（情感冲突）等。Smith 以及后来的 Ulaga 和 Eggert 更将其缩减为信任、满意与承诺三个维度。

综上所述，在 B to C 领域，学者们多是从人际关系接触出发，运用"顾客—员工—企业"模型来展开研究。顾客与企业的个性（心理）特征与能力因素、关系双方的互动界面以及交互的其他环境因素，被认为是服务营销背景下渠道关系的重要要素。此外，有学者采用了微观经济学的研究范式，从关系盈利的角度来展开分析。

（2）B to B 背景下的渠道关系质量维度

B to B 背景下的渠道关系主要是围绕工业营销中的买卖关系、战略联盟成员关系以及渠道成员关系等进行研究。根据网络—互动法的思想，Johanson 和 Mattsson 认为，B to B 背景下的买卖双方是同一网络中的两个行为主体，它们之间在进行沟通交易时，为双方提供了满足需求与建立和维持关系的机会。与服务营销背景下重视从人际关系的个性特征进行研究的角度不同，B to B 背景下的关系质量研究多是从关系协作与关系管理层来分析的。研究主线大多是在 Crosby 及其同事成果的基础上，主要沿两个方向演变：

第一个方向，考虑对双方（合作）关系加强管理，重视承诺、沟通质量、解决冲突以及双方关系资源投入等因素，减少机会主义行为等现象，延续双方的互信。

关系特征。Morgan 和 Hunt（1994），在 Gummesson（1987）以及 Consby 等（1990）的研究基础上，提出了应用于企业与企业间的关系模型："承诺、信任"关键中间变量模型即 KMV 模型。Mohr 和 Spekman 认为，任何成功的伙伴关系的基本特征都是承诺、合作、信任、沟通、参与以及冲突的共同解决等。Dionysis 研究了发现绩效、资产专用性以及文化敏感性对提高信任、满意、承诺以及减少冲突有显著影响。Chuzhaofang 以第三方物流企业为例，提出客户对第三方的依赖性（包括第三方物流的重要性以及其他物流方式不可获得性）对关系质量会产生作用。

产品或服务特征。Dorsch 等通过研究买卖双方之间的差异化关系，提出关系质量需要关注顾客导向与道德等因素。Kumar Scheer 与 Steenkamp 在研究公平对非对称 B to B 关系的影响时，根据发展长期关系的要求，提出了包括信任、承诺、对关系投资的意愿以及对关系持续性的期望等在内的维度结构。其中对关系投资的意愿以及对关系持续性的期望是延长双方关系的重要标志性因素。

参与者特征。Van 等研究发现，经销商的地理位置、产品的种类、价格及收款政策对满意、信任、承诺和冲突均有显著影响。Robby Swar 基于信息系统外包的视角，探讨了交流能力、文化兼容能力、冲突处理能力对合作、信任和相互理解的影响。

第二个方向，将关系质量的研究层面从人际关系扩展到企业关系本身。关系质量的高低取决于参与关系的企业、具体运作的个人以及协作情况，并提出从人际层面与企业层面来研究关系质量，关系质量包含关系承诺、双方的共同目标以及关系利益三个维度。

除了重视人际互动与企业关系以外，还把研究的视野扩大到了内外环境两个范围，从社会交往与生命周期视角展开分析。Holinlund（2001）以服务质量模型为基础，把服务质量的过程与结果维度扩展为 B to B 关系质量的过程与结果领域。Holinlund 认为，商业关系中不仅涉及社会因素，也应考虑买卖双方的技术、经济等因素。因此，将领域与维度组合，可以把技术维度按过程的类型、特性与技术的结果进行详细划分。

我国学者认为价值创造与分享是供应双方建立长期合作关系的基础，不同关系发展阶段下 B to B 关系价值对关系质量会有动态影响（苏秦、姜鹏、谭昊，2010）。

B to B 背景下的渠道关系质量维度研究，基本已经摆脱了早期人际关系的研究领域，进入了社会交往这一更宽阔的视野。已有研究表明，学者们采用回避风险、强化契约与实现承诺等角度，针对关系管理与关系盈利等问题，把信任、满意与承诺作为最重要的维度，提出了多种关系质量维度模型。其中，人际关系等传统分析模式依旧占据重要地位，B to B 关系中突出的公平问题也被引入到有关研究领域之中。此外，社会交换、关系契约等新范式开始出现，多理论、多范式的初步整合也引起了人们的关注。

（3）研究述评

基于以上分析发现，B to B 以及 B to C 的研究不是完全割裂的，B to B 的研究是 B to C 的延伸和拓展，虽然本书研究的是农产品流通渠道中合作社与经销商之间的关系，是一种 B to B 关系，但也不能完全脱离 B to C 的研究进行。对当前渠道关系质量要素概要描述见表 2-4。

综上所述，关系质量包含过程与结果这两个涉及关系价值创造活动的竞争领域，不同行业背景下，信任、承诺和满意都是作为主要的关系质量维度。本书借鉴 Morgan 和 Hunt、Smith 和 Dionysis 的研究，结合实地调研情况，确立了资产专用性、共同价值、沟通、信任、承诺、满意和合作七个要素来进行农产品流通渠

第2章 理论与文献述评

道中合作社与经销商关系的研究,其中资产专用性、共享价值、沟通作为双方渠道关系的前置变量,信任、承诺和满意是中介变量,合作是结果变量。

表2-4 关系质量维度概要描述

关键维度 研究者	信任	满意	承诺	合作	沟通	问题的共同解决	参与	资产专用性	最小的机会主义	顾客导向	对关系投资的意愿	对关系持续性的期望	道德形象	共享价值	关系利益	顾客感知总质量
Lilander和 Strandvik (1995)																
Morgan和 Hunt (1994)	*		*													
Hennig- Thurai和 Klee (1997)	*		*													*
Gummesson (1994)				*												
Mohr和 Spekman (1994)	*		*	*	*	*	*									
Smith (1998)	*	*	*													
Holinlund (2001)	*	*												*		
Dionysis (2008)	*	*	*	*						*						

资料来源:在姚作为的基础上整理①。

---

① 姚作为.关系质量的关键维度——研究述评与模型整合 [J].科技管理研究,2005 (8):136-141.

2.4 合作社的研究现状

2.4.1 合作社的相关研究

2.4.1.1 合作社的形成动因

（1）国外研究

Levay 于 20 世纪 80 年代基于交易费用理论，认为降低交易费用是农业合作社出现的主要动因。Hendrikse 等（2005）以营销合作社为例，立足于交易费用的视角，认为只有当农产品加工阶段的资产专用性程度低于农业生产阶段的资产专用性程度时，合作社才能成为有效率的经济组织。在纵向一体化中农产品供应链中，合作社具有独特的优势。Bijmann 和 Hendrikse（2013）通过分析为适应外部环境变化荷兰的水果和蔬菜合作社重组为更大的营销合作社的过程，指出农民组建合作社最重要的原因就是建立反市场垄断的力量。并且，认定农民组建合作社的主要动机为了减少营销过程中的信息不对称、外部性的影响以及保护专用资产投资免受侵害。总之，组建农业合作社能够使资产专用性、不确定性、有限理性、机会主义等因素的影响程度降低，达到有效降低交易成本的目的。

（2）国内研究

早期国内多数学者是从推进农业产业化经营的视角来讨论合作社发展的必要性。张晓山（2003）指出，在产业化经营中发育农民的合作社可以减少农民进入市场的交易行为和获取规模收益、提供专项服务和增加农民收入，有其存在的经济和社会的合理性。合作社运行中存在着管理者和普通社员资源禀赋的差异，也不利于合作社的长期发展；农民为保护自身利益而进行合作，在组织成员不断重复博弈的过程中，合作社产生进而得到健康的发展（赵晓峰，2015）①。

2.4.1.2 合作社的产权

（1）国外研究

委托代理理论认为，合作社可以被认为是一种所有社员共同拥有资产剩余所有权和决策权的治理结构。Staatz 在 20 世纪 80 年代最早指出，合作社全部社员共同所有的只是资产剩余的所有权和决策权，而决策管理权则依具体合作社而定，"一人一票""一人多票"或"一股一票"由核心社员代为决策等是合作社

---

① 赵晓峰. 农民专业合作社制度演变中的"会员制"困境及其超越 [J]. 农业经济问题, 2015 (2): 27--33.

经常采用的决策原则。许多学者基于科斯以及威廉姆森的企业理论基础,从交易成本理论角度分析了合作社。威廉姆森(1985)将治理结构区分为市场、混合和科层三种形式。Menard 认为,在混合结构组织中"成员明确并且自动地拥有对资产的大部分所有权和决策权"。许多学者把合作社认定为企业。Hendrikse 和 Veerman(2005)运用交易成本理论,对 IOF 和合作社在控制和投资决策行为上的差异性进行了比较。

(2)国内研究

国内关于合作社的研究主要集中在产权制度安排方面。从产权内容方面,周春芳和包宗顺(2010)认为产权包括所有权、决策权和剩余索取权[1]。颜华、冯婷(2015)研究了普通成员对应得利益的了解程度和核心成员的出资比例对普通成员的利益实现有显著影响[2]。

2.4.1.3　合作社的发展趋势

在经济全球化背景下,竞争与合作并存的市场环境促使大批农业合作社向纵深发展,出现了横向和纵向一体化的趋势。国内涌现出一大批学者对合作社的发展进行了深入研究,对目前合作社的发展规律进行了总结,并对未来的发展趋势做了科学的预测。

(1)产业化

大多数合作社最初的功能主要是为促进销售而进行了联合,随着国际市场对农产品需求量的扩大和要求的提高,一些合作社开始向标准化和产业化发展,杜吟棠(2005)认为产业化经营对增加农民收入,提高农户的竞争能力具有非常积极的作用[3]。

(2)组织化

个体农户或是经营组织通过多种形式合作组建合作社,通过加强联系,优化了资源配置,最终达到降低成本促进农民增收的目的。在组织化的主体模式方面,应该朝着产业化、公司化等模式发展。在合作社组织化发展的路径上,多数学者主张采用股份制合作(周应恒、王爱芝,2013),引进外来资本,进行股份化改革,已成为合作社发展的大趋势[4]。

---

[1] 周春芳,包宗顺. 农民专业合作社产权结构实证研究——以江苏省为例[J]. 西北农村科技大学学报,2010(6).
[2] 颜华,冯婷. 农民专业合作社普通成员的利益实现及其保障机制研究——基于黑龙江省25家种植业合作社的调查[J]. 农业经济问题,2015(2).
[3] 杜吟棠. 农业产业化经营和农民组织创新对农民收入的影响[J]. 中国农村观察,2005(3).
[4] 周应恒,王爱芝. 中国农民专业合作社股份化的成因探析——基于社员选择的视角[J]. 财贸经济,2013(2).

2.4.2 基于合作社的渠道关系研究

合作社在农产品流通渠道中的上游连接农户和供应商,下游连接批发商和零售商,是农产品营销渠道中的重要成员。国内外学者对合作社这一组织在农产品营销渠道中的作用及其与上游和下游各组织间的协作关系进行了系统的研究。

2.4.2.1 合作社在农产品流通渠道中作用研究

国内外学者通过研究发现,合作社的出现实现了资源的优化组合,减少了流通环节的交易成本,大大提高了农产品生产和加工的效率,增强了农业劳动者的竞争能力。

(1) 国外研究

合作社可减少交易成本。Staatz 在 20 世纪 80 年代运用交易费用理论分别从资产专业性、不确定性、外部性以及科层制方面对合作社成立产生的影响,得出只有采取合作社这种组织形式能够降低交易成本时,合作社才会出现。

合作社可提高竞争力。Herbst 和 Prufer 认为,合作社成为一种有效的组织形式的前提是,合作社中的集体决策成本足够低,并且市场中竞争程度不太激烈;反之,合作社将变得效率低下。

合作社可提高效率。Hendrikse 和 Veerman(2005)认为合作社销售其产品面临两种套牢风险,分别源自资产专用性和农产品易腐特性决定的瞬时专用性。

(2) 国内研究

国内的学者通过实证发现有助于增强农户的安全感和抗风险能力,而且规模化生产、合作社产品品牌效应以及质量安全保证能够提高农户的谈判能力和地位。Jiaeta 利用了中国 157 家农业合作社调查数据,认为可以将农业资产决策权配置分解为三个阶段,即产前、产中和产后。生产要素采购和田间生产管理的决策主要以农户控制为主,产品销售决策权趋于合作社控制;牵头创办合作社的主体身份、相关机构的质量认证,以及是否与龙头企业签订购销合同等因素对合作社控制农业经营决策权的影响非常显著。

2.4.2.2 合作社与上下游成员关系的研究

(1) 合作社与上游(农户)的渠道关系

Karhetal 分析了影响土耳其农户参与合作社行为决策的原因,结果表明:对农户参与合作社行为的概率具有积极的正向作用的影响因素包括户主受教育程度、种植规模、信息获取能力以及是否采纳新技术,而对农户参与合作社行为的概率具有显著的负面影响的因素则是户主的年龄。政府推动和扶持,农户的合作需求、产业发展基础、市场交通条件、经济发展水平等都是影响合作社发展的重要因素,但农户之间的社会信任对于合作社的产生、存续和发展显得更为重要。

（2）合作社与下游（超市）的渠道关系

目前，我国合作社与超市对接还处在起步探索阶段，但合作社与超市的合作是合作社发展的趋势之一，受到了一些学者的关注。姜增伟（2009）指出"农户＋合作社＋超市"模式是行之有效的"农超对接"模式，这是已被各地实践证明的①。安玉发（2011）指出，"农超对接"必须依赖合作社和农业协会才能成功实施②。由于其与农户联系紧密以及规范化的生产流程，农业专业合作社可能成为未来"农超对接"模式发展的趋势。

合作社在农产品流通渠道中起到承上启下的作用，上游连接农户和供应商，下游连接批发商和零售商，是农产品流通渠道中的重要成员。国内外学者对合作社这一组织在农产品营销渠道中的作用，以及其与上游和下游各组织间的协作关系进行了系统的研究，研究发现合作社作为流通主体，可以减少交易成本、提高效率以及提高竞争力，合作社与上游农户的连接可以有效解决小农户和大市场的问题，与下游成员的连接可以加快农产品流通的速度。合作社与下游经销商的连接，目前研究较多的是从农超对接的视角，研究重点集中在合作模式和实施条件，基于渠道关系视角来探讨双方合作关系的研究目前还较少，本书聚焦于"农产品流通渠道中合作社与经销商关系"这一基本问题，对二者渠道关系运行机理进行探讨，可以弥补这一缺陷。

2.5 文献述评

基于以上分析，我们可以看到，学者们分别对农产品流通理论、渠道关系理论以及合作社理论的相关问题进行了有益的探索，但仍然存在以下缺陷：

第一，渠道关系研究在国外成果丰富，本土研究较少。我们发现国外营销渠道关系研究的前提条件是相对成熟的市场体系，宏观环境对其影响较弱，主要集中在组织建立与渠道行为控制方面，渠道系统与渠道主体的评价、维护、调适与发展等方面的动态研究较少，即使相关理论在国外得到了一定的证实，但在我国还需检验。本书将国外营销渠道关系研究的结论在中国进行本地化检验，探讨不同渠道环境下各要素对渠道关系的影响机理，有重要研究价值。

第二，合作社企业属性的研究较少。合作社是农业产业中非常重要的组织，

---

① 姜增伟. 农超对接：反哺农业的一种好形式 [J]. 求是，2009（23）.
② 安玉发. 发展新型产销对接模式　稳定鲜活农产品价格——"农超对接"及流通渠道多元化的思考 [J]. 中国农民专业合作社，2011（8）.

兼有企业和利益共同体双重属性，在中国农村经济稳定与发展中处于核心中介位置。当前的研究主要集中在合作社的动因、治理机制以及产权等方面，基于企业层面的研究较少。从企业的视角来看，合作社作为市场经济体系中的微观主体，其内部运营机制、外部市场效率以及合作能力等还处于较低水平，相关的研究也尚未完善，其经济效率及与合作能力都有待进一步探讨研究。本书基于合作社的企业属性层面，把合作社作为微观主体，探讨它的关系行为、关系质量与合作行为，可进一步丰富和完善合作社的理论体系，引导和规范其市场行为。

第三，渠道关系研究还未拓展到合作社层面。目前渠道关系的研究对象较广，大多集中在工业产品，涉及的行业有家电、汽车、零售、电信与服务行业等，在合作社层面的研究较少。合作社作为市场经济体制的重要制度供给，能够以市场主体的身份进入流通领域，将原有的交易成本转化为收益剩余，是重要的流通主体。本书基于合作社的渠道主体身份，把合作社嵌入到农产品渠道的链条上，基于渠道关系的视角，探讨农产品流通渠道中合作社与经销商的关系，研究双方的渠道关系运行机理，实现紧密合作，是我国当前渠道关系研究的一个重要方向。

第 3 章

合作社发展现状与竞争力现状

为了解农民专业合作社（以下简称合作社）在流通中的整体情况，本章对合作社的发展现状与在流通渠道中的竞争力现状作出分析。

3.1 合作社发展现状

近几年来，随着全国各级政府对合作社扶持力度的不断加大，我国的农民专业合作社得到了快速的发展。根据对全国 30 个省、区、市（不含西藏）农村经营管理情况统计数据的汇总分析，2013 年农民专业合作社发展情况如下：

3.1.1 基本情况

3.1.1.1 数量与成员

截至 2013 年底，全国农民专业合作社总数达 88.4 万家，比 2012 年底增加 25 万家，增长 39.5%；合作社数量大幅度增加，质量稳步提高。到 2013 年底农民专业合作社的实有成员已经达到 4776.0 万家（户），与 2012 年底相比，数量上增长了 340 万户，同比增长 7.7%，平均每个合作社拥有的成员数已近 54 户。除此以外，合作社能够带动的非成员农户数量也有了很大幅度的提高，从数量上来说已达 6130 万户，同比增长 8.6%，每个合作社带动的非成员农户数量的平均值为 69 户[①]。

3.1.1.2 业务范围

从业务范围来看，截至 2013 年底，种植业拥有的合作社数为 44.8 万个，同

---

① 农业部农村经济体制与经营管理司. 全国农村经营管理统计资料（2013 年）[M]. 北京：中国农业出版社，2013.

表 3-1　农民专业合作社基本情况

年份	合作社数量（万家）	工商登记成员数（万户）	出资额（亿元）	实有成员数量（万户）
2007	2.64	35	311.66	210
2008	11.09	141.71	880.16	1200
2009	24.64	391.74	2461.36	2100
2010	37.91	715.57	4545.77	2900
2012	63.4	2373	—	4436.0
2013	88.4	—	—	4476.0

资料来源：农业部农村经济体制与经营管理司．全国农村经营管理统计资料（2013年）［M］．北京：中国农业出版社，2013．

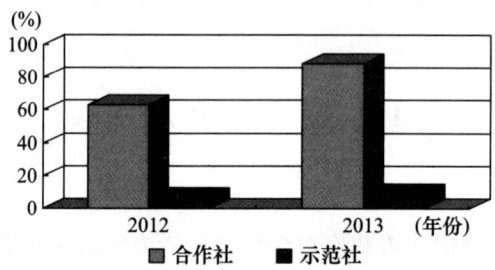

图 3-1　2012 年、2013 年农民专业合作社增长情况

资料来源：根据国家工商总局、农业部发布数据整理。

比增长 46.5%，占合作社总数的比重为 50.68%；畜牧业拥有 22.7 万个，同比增长 28.4%，占比为 25.68%；服务业拥有 7.7 万个，同比增长 33.2%，占比 8.71%；林业拥有 5.1 万个，同比增长 48.2%，占比 5.77%；渔业拥有 3.3 万个，同比增长 33.4%，占比 3.73%，其他类型合作社，占比 5.43%（见图 3-2）。

从不同行业合作社数量的增长情况来看，种植业合作社的数量增长最快。在种植业合作社中，粮食合作社共有 14.2 万个，同比增长 87.1%，占整个种植业合作社的比重达到 31.8%。在整个畜牧业合作社中，生猪合作社的数量有 8.0 万个，肉牛羊合作社为 3.4 万个，奶业合作社有 1.27 万个，它们分别占整个畜牧业合作社的比重为 35.2%、15.0%、5.6%，生猪合作社和奶业合作社分别比 2012 年增长 29.6%、3.0%。而在服务业合作社中，农机合作社 4.5 万个，同比增长 38.3%，占服务业合作社的比重为 58.4%，植保合作社 1.0 万个，同比增长 28.9%，占服务业合作社的比重为 13.0%，土肥合作社 0.3 万个，同比增长

37.3%,占服务业合作社的比重为3.9%。从总体上看,种植业、畜牧业合作社占近九成,粮食生产合作社增长迅速,其他合作社增长较快。

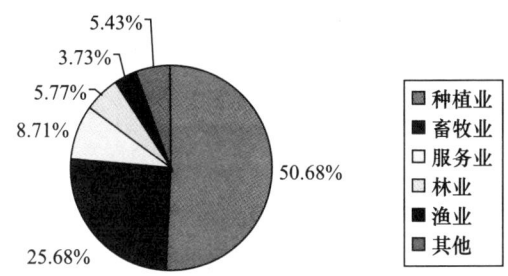

图3-2 按行业划分的合作社类型

资料来源:根据国家工商总局、农业部发布数据整理。

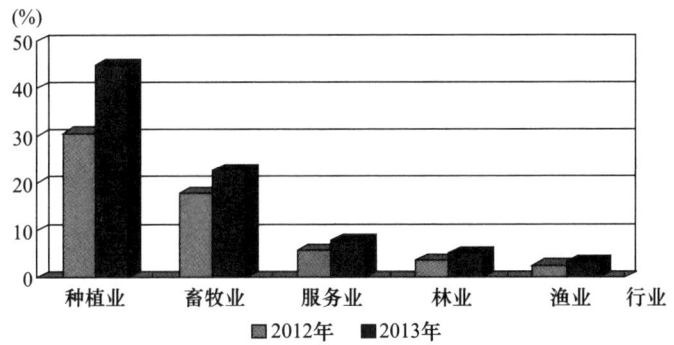

图3-3 2012年、2013年各行业合作社增长情况

资料来源:根据国家工商总局、农业部发布数据整理。

3.1.1.3 合作社牵头领办人

通过对合作社牵头领办人的统计分析来看,目前牵头领办人主要有农村能人、企业、基层农技服务组织、其他主体等。截止到2013年底,农村能人牵头领办的合作社80.2万个,占全部合作社的比重为90.7%,其中,由村组干部牵头兴办的合作社13.6万个,农村能人牵头领办的合作社是目前最主要的合作社形式。另外,企业、基层农技服务组织、其他主体领办的合作社分别为2.4万个、1.5万个、4.3万个,占全部合作社的比重分别为3.0%、1.9%和5.4%。

3.1.1.4 地域分布

(1)各地区数量

2013年,山东、江苏、河南等7省的农民专业合作社数量均超过了4万个,这七个省合作社数量总和占全国合作社数量的48%。其中,山东省就有合作社9万多个,达到全国的10.6%。

表3-2 全国各地区农民专业合作社基本情况(2013年底)

地区	合作社数量(个)	成员数(户)	地区	合作社数量(个)	成员数(户)
全国	884089.0	47760390.0	河南	62891.0	3144550.0
北京	5666.0	286484.0	湖北	36255.0	2236073.0
天津	5136.0	151660.0	湖南	23069.0	1976251.0
河北	57971.0	2696707.0	广东	23751.0	524696.0
山西	62309.0	1114137.0	广西	13860.0	529780.0
内蒙古	32990.0	614354.0	海南	10480.0	244100.0
辽宁	27789.0	1247436.0	重庆	18617.0	2957383.0
吉林	42101.0	855754.0	四川	35603.0	2489915.0
黑龙江	31199.0	1245104.0	贵州	13351.0	649140.0
上海	3200.0	69900.0	云南	20423.0	1141233.0
江苏	63888.0	10990790.0	陕西	24260.0	1456909.0
浙江	37369.0	1077974.0	甘肃	29357.0	788326.0
安徽	41801.0	2497365.0	青海	5800.0	376338.0
福建	19836.0	542766.0	宁夏	3410.0	221930.0
江西	26084.0	1248583.0	新疆	12071.0	436606.0
山东	93522.0	3948146.0			

资料来源:根据国家工商总局发布资料整理。

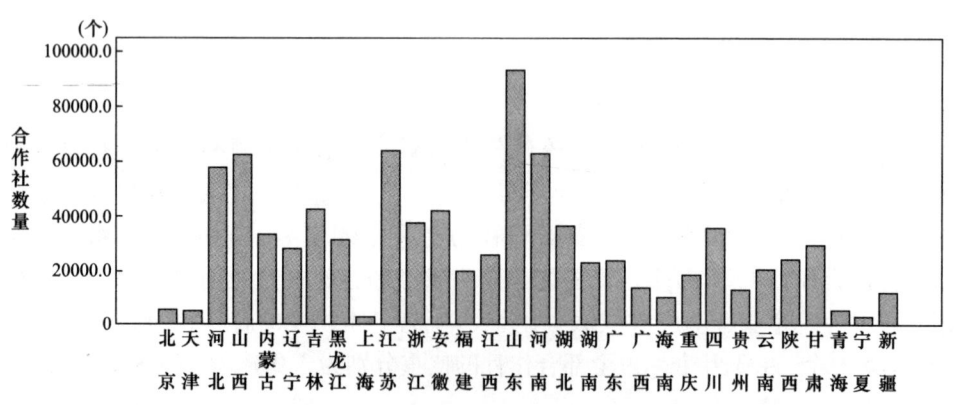

图3-4 2013年各地区合作社数量

资料来源:农业部农村经济体制与经营管理司. 全国农村经营管理统计资料(2013年)[M]. 北京:中国农业出版社,2013.

第3章 合作社发展现状与竞争力现状

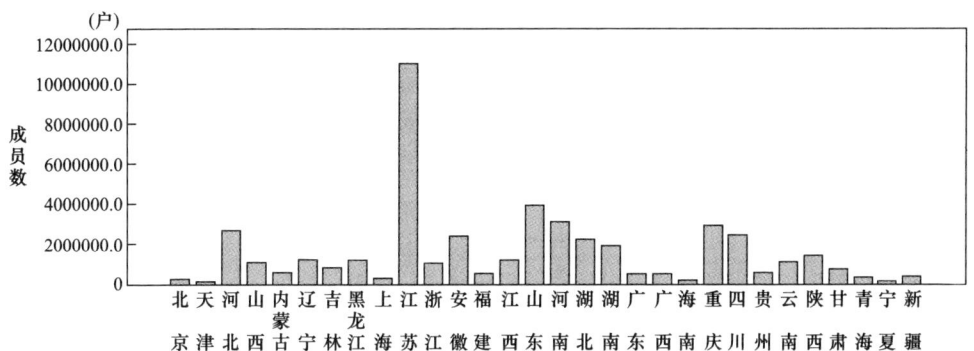

图3-5 各地区合作社成员数

资料来源：农业部农村经济体制与经营管理司. 全国农村经营管理统计资料（2013年）[M]. 北京：中国农业出版社，2013.

（2）分组统计

目前，东部地区包括北京、天津、河北、辽宁、上海、江苏、浙江、福建、山东、广东、海南11个省级行政区；中部地区包括黑龙江、吉林、山西、安徽、江西、河南、湖北、湖南8个省级行政区；西部地区包括四川、重庆、贵州、云南、西藏、陕西、甘肃、青海、宁夏、新疆、广西、内蒙古12个省级行政区。

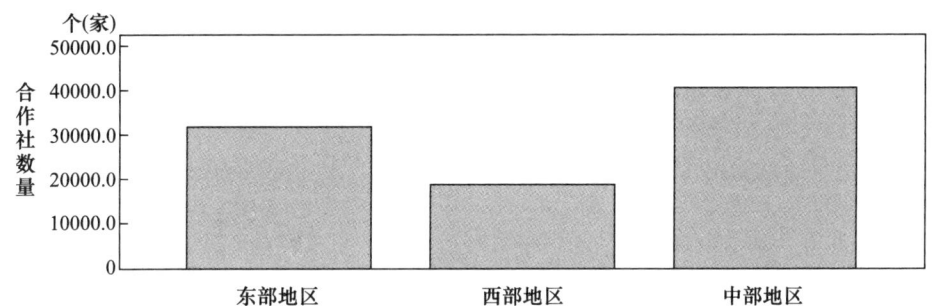

图3-6 2013年各地区合作社数量

资料来源：农业部农村经济体制与经营管理司. 全国农村经营管理统计资料（2013年）[M]. 北京：中国农业出版社，2013.

3.1.1.5 经营情况

2013年，全部上述类型的合作社当年可分配盈余839.6亿元，同比增长45.9%，平均到每个合作社后得到的当年可分配盈余为9.50万元。全部可分配盈余中，按交易量返还金额为435.1亿元，分配股金的数额为181.5亿元。按交易量返还的合作社21.2万个，其中依据法律返还比例超过可分配盈余60%的合作社数量将近16.0万个。

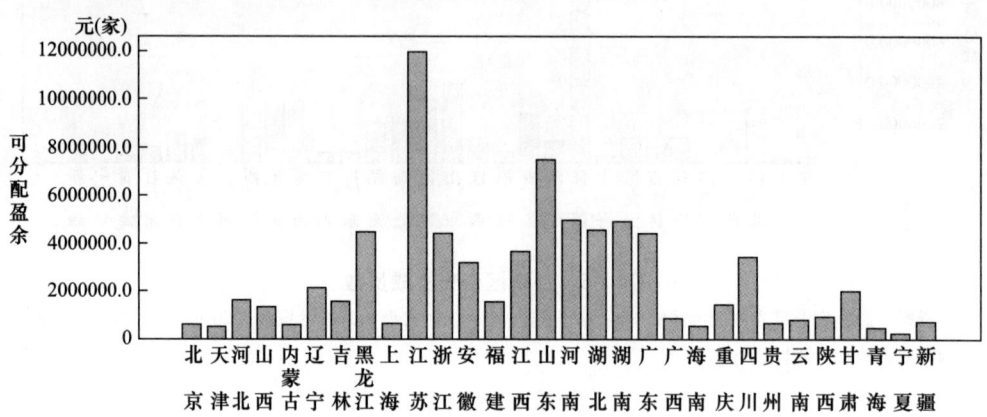

图3-7 2013年各地区合作社可分配盈余

资料来源：农业部农村经济体制与经营管理司. 全国农村经营管理统计资料（2013年）[M]. 北京：中国农业出版社，2013.

与此同时，我国的财政资金也越来越支持合作社的发展。2013年，各级财政扶持资金扶持合作社3.4万个（同比增长5.9%），扶持的总金额达到了54.97亿元（同比增长0.4%），平均每个合作社获得扶持资金16.2万元，比2012年下降5.3%。

3.1.2 发展成效

3.1.2.1 创新农业经营体制

合作社对农业经营体制创新具有重要的作用，主要是因为合作社的存在促进了农户间的联合和合作，使信息交流的渠道更加畅通，进而能够提高农户的组织化程度。截至2013年底，农民专业合作社实有成员达4776.0万个（户），占全国农户比例的20%。产业化的规模扩大，产业链条延伸，从生产向加工领域转变实现纵向一体化。2013年，创办加工实体的合作社有2.0万个。其中江苏、陕西、浙江和河南比重较高（如表3-3所示）。

3.1.2.2 发展现代农业

合作社经过多年的发展，已经成为现代农业的中间力量，其作用已经越来越突出。在推进农业专业化、标准化生产方面合作社具有很好的带头作用，而对于规模化、品牌化经营和农产品的流通，合作社也有很好的促进作用。

（1）带动标准化生产

2013年实施标准化生产的合作社有5.5万个，通过农产品质量认证的合作社有3.2万个，江苏、四川、山东、湖北和湖南等较高。其中，河北合作社生产的无公害产品已占到全省的70%以上，江苏、湖南通过质量认证的占到30%和23%[①]。

表3-3 2013年不同地区各类型合作社占全国的比重   单位：%

指标 地区	合作社 占比	示范合作社 占比	标准化生产合作社占比	有注册商标合作社占比	有农产品质量认证合作社	加工实体合作社占比
山西	7.05	10.49	—	—	—	—
上海	0.36	—	—	—	2.36	—
江苏	7.23	9.36	9.87	12.75	16.45	17.36
浙江	4.23	9.40	9.04	9.21	11.18	6.89
江西	2.95	—	5.16	—	—	—
河南	7.11	8.6	9.25	—	—	—
湖南	2.61	—	—	4.25	4.96	5.03
广东	2.69	4.26	—	—	—	—
重庆	2.11	—	11.38	—	—	—
四川	4.03	—	—	5.67	7.90	—
陕西	2.74	—	—	—	—	11.03

资料来源：根据国家工商总局资料整理。

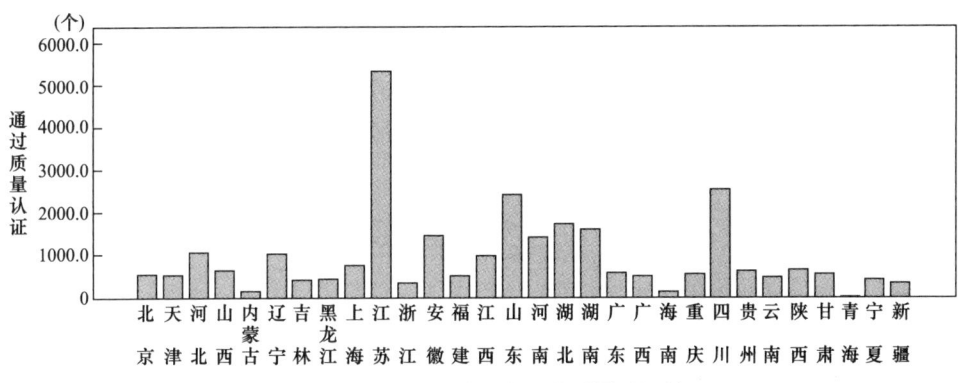

图3-8 2013年各地区合作社质量认证情况

资料来源：农业部农村经济体制与经营管理司．全国农村经营管理统计资料（2013年）[M]．北京：中国农业出版社，2013．

[①] 农业部农村经济体制与经营管理司．全国农村经营管理统计资料（2013年）[M]．北京：中国农业出版社，2013．

(2) 推进农业品牌化经营

2013年被农业主管部门认定为示范社的有9.0万个,比2012年底增加2.0万个,增长28.6%,示范社占合作社总数的10.2%。其中浙江、山西、江苏、广东和河南较高。2013年拥有注册商标的合作社有近6.0万个,其中江苏、浙江、四川和湖南较高。多家合作社与企业和超市建立了产销对接关系。

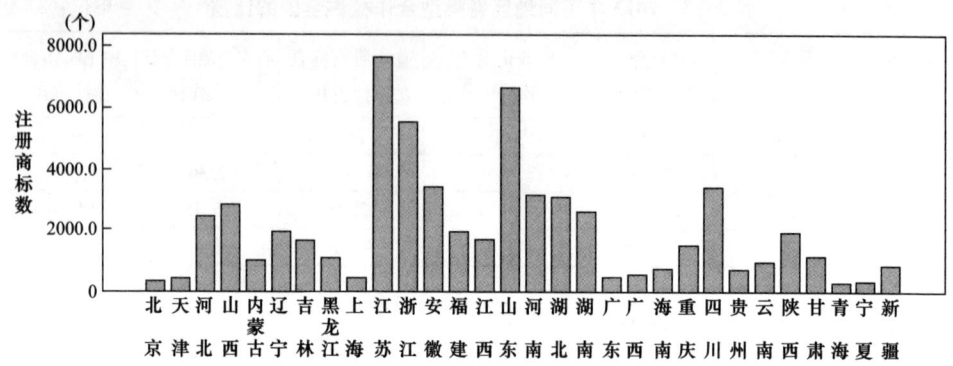

图3-9　2013年各地区合作社注册商标数

资料来源:农业部农村经济体制与经营管理司.全国农村经营管理统计资料(2013年)[M].北京:中国农业出版社,2013.

(3) 有效地推动了农产品流通

合作社通过延长产业链条,节省了流通费用,有效地促进了农产品流通。广西壮族自治区合作社带动销售的水果,占到了70%以上。截至2013年底,实行产加销一体化服务的合作社46.3万个,比2012年增长40.1%,占合作社总数的52.4%;以生产服务为主的合作社24.6万个,比2012年增长45.3%,占合作社总数的27.8%。另外,以购买、仓储、运销、加工和其他服务为主的合作社分别比2012年增长41.7%、31.4%、29.9%、30.2%、27%,所占比重分别为4.0%、1.0%、3.0%、2.0%和10.0%(见图3-10)。

3.1.2.3　增加农民收入

合作社的发展能够带给农民更多的收入,这主要是因为合作社能够提高农民在市场交易中的谈判地位,并且能够延长整个产业链条,进而使得农民具有更多的话语权。合作社通过为成员进行统一服务,减少生产环节的成本,使各成员获得更多农产品的附加值带来的收益。通过对2013年农产品市场的统计分析发现,通过农民专业合作社进行统一销售的农产品总值达6729.6亿元,这一数字比2012年增长27.2%,农民专业合作社每个成员销售农产品的均值为1.41万元,同比增长18.4%;通过农民专业合作社进行统一购买生产投入品的总值为

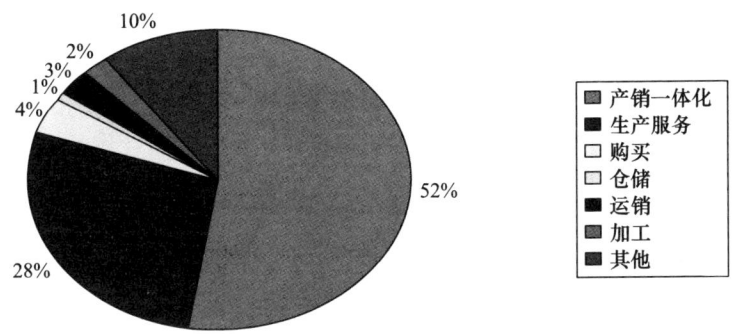

图 3-10　按经营内容划分的合作社类型

2405.2 亿元，同比增长 24.1%，农民专业合作社为每个成员购买生产投入品的均值为 0.50 万元，同比增长 13.6%。农民专业合作社培训成员数 3534 万户，比 2012 年增长 11.2%。据调查，入户农户的收入比非成员农户高出 20% 以上[1]。

3.2　合作社在农产品流通渠道中的竞争力现状

前文对合作社的基本情况作了分析，为了解合作社的流通效率，本书拟对各地区合作社在流通中的竞争力现状进行分析，利用合作社的横截面数据，根据 15 项流通竞争力的指标，得出全国 29 个省、市、合作社的竞争力排名，为各地区合作社加强在流通中的竞争力提供指导，从而提升合作社与经销商合作的话语权，加强双方的合作。

3.2.1　竞争力分析的指标体系

目前，关于农产品流通竞争力的研究还未形成统一的理论体系，从实务的角度来说也未产生一套标准来综合评价合作社的流通竞争力。学者们认为流通竞争力来自企业竞争力，并且它离不开企业竞争力。企业竞争力通常被理解为企业的一种能力，这种能力能够使得厂商在竞争的市场环境中，通过优化配置企业资源，而形成的与同业其他厂商的市场竞争中的各种比较能力（李显君，2002）。

---

[1] 农业部农村经济体制与经营管理司. 全国农村经营管理统计资料（2013 年）[M]. 北京：中国农业出版社，2013.

而流通竞争力是指处于流通中的各类群体，包括生产者、中间商、终端用户以及与之有关系的第三方物流企业等，通过各种类型的相互依存的组织，将所生产的产品传递给下游组织，并在此过程中拥有与本行业中的竞争对手相抗衡的能力，或者超越这些竞争对手的能力（郑鑫等，2005）。本书认为合作社在流通中的竞争力，应该通过流通运营、达到流通目标这一过程进行分析，并将从事农产品生产和销售的人群作为主体。本书采用全国农村经营管理2013年的统计数据（数据见附录），选取15个经济指标，分别从规模竞争力、规范化程度、带动能力、政府扶持力度和合作能力五个层面来进行评价。具体指标如下：

表3-4 我国农民专业合作社流通竞争力指标体系

规模竞争力	农民专业合作社数量
	农民专业合作社成员数
	合作社经营收入
规范化程度	实施标准化生产的合作社数
	被农业主管部门认定为示范社的
	拥有注册商标的合作社数
带动能力	农民专业合作社带动非成员农户数
	基层农技服务组织
	培训成员数
政府扶持力度	当年获得财政扶持资金的合作社数
	各级财政专项扶持资金总额
合作能力	专业大户及家庭农场成员数
	企业成员数
	统一组织销售农产品总值
	统一组织购买农业生产投入品总值

资料来源：作者构建。

3.2.2 竞争力分析的数据处理

3.2.2.1 因子分析过程

本书将运用SPSS中的主成分分析法来提取因子变量。在此基础上，根据相关性检验结果，对合作社的流通竞争力进行评价。根据检验结果，样本的 KMO 值为 0.828，Bartlett 球度检验统计量为 635.951，概率为 0.000，认为适合进行因子分析。提取三个特征根时的可解释方差见表 3-5 所示：

表 3-5　解释的总方差　　　　　　　　　　　单位：%

组件成分	初始特征值			提取平方和载入			旋转平方和载入		
	合计	方差	累计	合计	方差	累计	合计	方差的	累计
1	11.111	74.072	74.072	11.111	74.072	74.072	5.568	37.118	37.118
2	1.227	8.179	82.251	1.227	8.179	82.251	4.442	29.612	66.731
3	0.838	5.587	87.838	0.838	5.587	87.838	3.166	21.107	87.838
4	0.462	3.079	90.917						
5	0.351	2.342	93.259						
6	0.304	2.024	95.283						
7	0.271	1.807	97.090						

提取方法：主成分分析。

由表 3-5 可以看出，提取的三个因子总解释累计达到 87.838%，比较符合标准，虽然第三个因子特征值为 0.838 小于 1，但观察其旋转后载荷矩阵，载荷值分布较理想，且第三个因子的解释力较强，因此予以保留。本书的研究采用正交旋转中的方差最大法进行转换。经因子旋转后的流通竞争力评价指标因子载荷矩阵如表 3-6 所示。

表 3-6　旋转成分矩阵[a]

指标	成分		
	成分1	成分2	成分3
VAR00001	0.289	0.894	0.094
VAR00002	0.850	0.353	0.301
VAR00003	0.496	0.395	0.707
VAR00004	0.313	0.625	0.492
VAR00005	0.195	0.766	0.488
VAR00006	0.467	0.689	0.485
VAR00007	0.880	0.095	0.368
VAR00008	0.807	0.292	0.241
VAR00009	0.694	0.528	0.368
VAR00010	0.724	0.499	0.338

续表

指标	成分		
	成分1	成分2	成分3
VAR00011	0.231	0.419	0.826
VAR00012	0.565	0.128	0.726
VAR00013	0.400	0.724	0.311
VAR00014	0.823	0.503	0.201
VAR00015	0.723	0.565	0.248

提取方法：主成分分析。

旋转法：具有 Kaiser 标准化的正交旋转法。a. 旋转在 8 次迭代后收敛。

通过对旋转后的因子载荷矩阵分析，我们发现第一个主因子（F1）包括农民专业合作社成员数、专业大户及家庭农场成员数、企业成员数这三个指标，有较大的载荷，反映了合作社的规模对流通竞争力的影响，可将其定位为规模影响力（强制力）因子；第二个主因子（F2）包括合作社数量、被农业主管部门认定为示范社以及农民专业合作社带动非成员农户数这三个指标，有较大的载荷，反映了合作社在流通中的示范能力，可将其定义为示范带动能力（参照力）因子；第三个主因子（F3）包括合作社经营收入、当年获得财政扶持资金的合作社数以及各级财政专项扶持资金总额这三个指标，有较大载荷，反映了合作社在流通中的政府影响程度，将其定义为政府扶持力（报酬力）因子。详细分布见表 3-7。

表 3-7 指标分类

强制力因子（F1）	农民专业合作社成员数
	专业大户及家庭农场成员数
	企业成员数
参照力因子（F2）	农民专业合作社数量
	被农业主管部门认定为示范社
	农民专业合作社带动非成员农户数
报酬力因子（F3）	合作社经营收入
	当年获得财政扶持资金的合作社数
	各级财政专项扶持资金总额

资料来源：笔者设计。

3.2.2.2 因子变量得分

(1) 计算单个因子变量得分

作为因子分析的最后一步,需要计算出各个因子的得分情况。采用的程序主要包括:首先,分别为三个提取出的公因子进行重新定义;其次,通过因子得分矩阵(见表3-6),计算出五个公因子在29个样本数据上的得分(见表3-8);最后,需要对得分情况进行整体分析。

根据因子得分函数公式计算得分:

$F_J = 0.34184 F_{1J} + 0.17577 F_{2J} + 0.17323 F_{3J} + 0.10224 F_{4J} + 0.09377 F_{5J}$

$F_{1J} = 0.099 X_{1J} - 0.006 X_{2J} + 0.076 X_{3J} + 0.2 X_{4J} - 0.05 X_{5J} + 0.189 X_{6J} + 0.106 X_{7J} - 0.198 X_{8J} + 0.177 X_{9J} + 0.015 X_{10J} - 0.023 X_{11J} - 0.008 X_{12J} + 0.186 X_{13J} - 0.052 X_{14J} - 0.069 X_{15J} - 0.004 X_{16J} + 0.025 X_{17J} - 0.018 X_{18J} + 0.069 X_{19J}$

F_{2J}, F_{3J}, F_{4J}, F_{5J} 算法同上。

表3-8 成分得分系数矩阵

指标	成分		
	1	2	3
VAR00001	-0.093	0.478	-0.308
VAR00002	0.262	-0.078	-0.099
VAR00003	-0.054	-0.106	0.374
VAR00004	-0.138	0.161	0.149
VAR00005	-0.231	0.282	0.133
VAR00006	-0.072	0.168	0.074
VAR00007	0.319	-0.275	0.043
VAR00008	0.273	-0.086	-0.121
VAR00009	0.119	0.050	-0.049
VAR00010	0.151	0.034	-0.076
VAR00011	-0.233	-0.067	0.557
VAR00012	0.039	-0.302	0.462
VAR00013	-0.061	0.267	-0.081
VAR00014	0.243	0.060	-0.236
VAR00015	0.162	0.108	-0.183

提取方法:主成分分析。

旋转法:具有 Kaiser 标准化的正交旋转法。

(2) 计算综合绩效得分

综合评价中各个指标的权重需要经过专家组根据实际情况分析之后确定，即通过专家的主观判断来赋以各指标权重。在本书的研究中，将三个因子的方差贡献率作为权术，来计算综合绩效的因子总得分，具体方法如下：

F = (37.118 × F1 + 29.612 × F2 + 21.107 × F3)/87.838

结果见表3-9所示。

表3-9 综合评价得分

	F1（强制力）	排名	F2（参照力）	排名	F3（报酬力）	排名	F（综合）	综合排名
北京	-0.18	16	-1.00	27	-0.48	21	-0.53	27
天津	-0.15	15	-1.00	28	-0.46	20	-0.51	25
河北	0.15	8	1.08	4	-1.09	29	0.17	9
山西	-1.61	28	1.57	3	0.29	8	-0.08	13
内蒙古	-0.27	20	-0.27	15	-0.82	27	-0.40	23
辽宁	-0.12	14	0.04	10	-0.74	26	-0.22	16
吉林	-0.48	27	0.12	9	-0.59	22	-0.31	18
黑龙江	0.07	9	-0.82	24	0.18	9	-0.20	15
江苏	4.31	1	-0.21	14	1.82	2	2.19	1
浙江	-1.89	29	0.71	7	4.08	1	0.42	4
安徽	-0.08	11	0.78	6	0.46	6	0.34	7
福建	-0.38	26	-0.41	18	-0.05	12	-0.31	19
江西	-0.29	21	-0.07	12	0.37	7	-0.06	11
山东	0.29	6	3.34	1	-0.65	23	1.09	2
河南	0.73	3	1.63	2	-0.37	18	0.77	3
湖北	0.54	5	0.50	8	0.05	10	0.41	6
湖南	0.75	2	-0.57	19	0.60	5	0.27	8
广东	-0.07	10	-0.63	20	0.61	4	-0.10	14
广西	-0.11	13	-0.63	21	-0.33	17	-0.34	21
海南	-0.31	22	-0.92	25	-0.29	15	-0.51	26
重庆	-0.18	17	-0.21	13	0.83	3	0.05	10
四川	0.72	4	1.05	5	-0.98	28	0.42	5
贵州	-0.26	19	-0.66	22	-0.07	13	-0.35	22
云南	-0.11	12	-0.30	16	-0.70	25	-0.32	20

续表

	F1（强制力）	排名	F2（参照力）	排名	F3（报酬力）	排名	F（综合）	综合排名
陕西	0.18	7	-0.39	17	-0.01	11	-0.06	12
甘肃	-0.23	18	-0.01	11	-0.68	24	-0.26	17
青海	-0.31	23	-1.01	29	-0.39	19	-0.57	29
宁夏	-0.36	25	-0.96	26	-0.30	16	-0.55	28
新疆	-0.33	24	-0.72	23	-0.27	14	-0.45	24

由表3-9可知，很多地区的得分是负值，但这并不表明这些地区的竞争力是负向的。表3-9中的正负仅是与平均水平位置的相对关系。也就是说，将数据标准化处理后，将各地区的平均水平作为零点，正值代表高于平均水平，负值代表低于平均水平。

3.2.3 竞争力分析结果

通过对因子得分的综合排名分析可知，江苏的合作社在流通渠道中的竞争力综合得分最高，特别是强制力因子在其他省市区中排名第一位，说明该省合作社的整体规模相对于其他省、市、自治区中较大，但江苏的示范能力相对较弱。处于综合能力排名第二位的是山东，其合作社的参照力很强，说明合作社的带动示范能力较强，但在强制力因子和报酬力因子上得分相对较低。排在第三名的是河南，河南合作社的强制力因子和参照力因子上得分较高，而报酬力因子得分较低。浙江综合得分排名第四名，但其报酬力排名第一位，说明该合作社在获利能力及政府扶持力度上最强。而排在最后三名的是青海、宁夏、北京。这三个省市区排名靠后的主要原因是参照力因子得分较低，在这几个地区合作社的示范带动能力较弱，进而影响其综合竞争力。

仅通过排名来断定流通竞争力的好坏还不够全面，这是因为综合排序只是说明其竞争力水平的整体效果，但如果分别对比各个单项的情况，其得分可能并不很高。如山西，虽说其示范带动能力较强，排在第三位，但在合作社的整体规模上，只排在第28名，较靠后。由此可见，如果仅认为综合因子得分高，合作社的竞争力就强，这种说法过于武断。各个城市的具体情况还需要综合分析各个单项的情况，根据具体因子得分找出原因，提高其合作社在流通中的竞争能力，进而带动整个农产品流通渠道的竞争力。

综上所述，用因子分析法对全国各省、市、自治区的合作社在流通渠道中的竞争力进行综合评价，没有直接对指标赋权，而是通过科学构建一个指标体系，具有客观性、合理性；通过各个主因子得分与排序情况了解各省、市、自治区的综合排名及薄弱环节，为各省、市、自治区合作社流通竞争力的提升提供重要依据，有利于提升合作社在农产品流通渠道中的主体地位，增加合作社与经销商合作的话语权，从而加强双方的合作。

第4章

农产品流通渠道中合作社与经销商关系概念模型构建

本章在农民专业合作社（以下简称合作社）现状分析和流通竞争力分析的基础上，探讨农产品流通渠道中合作社与经销商的关系要素，分析渠道关系运行机理，并构建渠道关系质量理论模型。

4.1 农产品流通渠道中合作社与经销商关系博弈分析

由于交易的不确定性以及契约的不完备性，合作社与经销商在渠道合作中双方均存在违约风险，要实现稳定合作关系，需要经历一个复杂的心理过程。本书对合作社与经销商的博弈关系展开分析。

4.1.1 合作社与经销商博弈关系

在现实中，无论是国有企业还是半公共组织，渠道成员之间存在推卸责任、相互隐瞒以及寻租行为，合作社也不例外（Williamson，1975；Benjamin et al.，1978）。合作社与企业、经销商、农户之间依靠"契约合同"进行渠道合作。在渠道合作中，如果合作社与经销商的合作取决于双方的实力对比，如果双方实力均衡，则双方在渠道博弈中会达到一种平衡；如果双方实力不均衡，实力强的一方由于权威性会控制另一方，寻租行为以及机会主义就会发生，一方就会出现违约行为，合作就会破裂（Gary L. Frazier，1999）。

在我国西部地区，尤其是内蒙古地区，合作社与经销商之间存在利益目标上的冲突，合作关系极不稳定。在农产品流通中，当合同价格和市场价格不符时，双方均会出现违约的情况。当市场价格高于合同价格时，合作社对当期价格不满意，在下一期合作中的积极性就会降低，预期关系收益价值会下降，违约行为就会出现，渠道关系终止；当市场价格低于合同价格时，经销商可选择的合作伙伴较多，更替伙伴会带来短期预期收益的提高，经销商也会出现机会主义，故意提高标准，压级压价，或者解散合作关系。

4.1.2 合作社与经销商博弈模型

本书采用一个博弈模型，分析合作社与经销商之间会出现违约的情况。模型的假设为：

第一，合作社与经销商都是理性的经济人。

第二，市场价格是渠道成员双方的共有公开信息。

第三，渠道成员双方在做出承诺决策（合作或违约）前各自的资产专用性投入均为沉淀成本。

第四，双方违约金的执行成本为0。

图4-1中 PR_0——合同收购价，DE——合同违约金额，Q——合同成交数量，PR_1——市场行情好时的价格，PR_2——市场行情不好时的价格，$PR_1 > PR_0 > PR_2$。

合作社与经销商的利润最大化决策行为，受到市场交易价格与合同违约金赔偿的约束。合作社和经销商的承诺决策（合作与违约）博弈的得益矩阵如图4-1所示。在矩阵的数组中，前项表示成员的收益价值，后项表示合作社的收益价值。

		经销商			
		市场行情好		市场行情不好	
		不违约	违约	不违约	违约
合作社	不违约	PR_0Q, $(PR_1 - PR_0)Q$	$(PR_1Q + DE)$, $-DE$	PR_0Q, $-(PR_1 - PR_2)Q$	$(PR_2Q + DE)$, $-DE$
	违约	$(PR_1Q - DE)$, $-DE$	PR_1Q, 0	$(PR_1Q - DE)$, $-DE$	PR_2Q, 0

图4-1 合作社与经销商的"囚徒困境"

当市场交易行情好时，$PR_1 > PR_0$，如果经销商采用违约策略，渠道双方的得益为$(PR_1Q + DE, -DE)$，表明经销商要为违约交违约金DE，因此理性的经销商不会选择违约。合作社是否履行合同取决于$(PR_1Q - DE)$与PR_0Q的大小关系。当$(PR_1 - PR_0)Q > DE$时,即$(PR_1Q - DE) > PR_0Q$时,合作社的最优策略是违约;当$(PR_1 - PR_0)Q < DE$时,合作社的最优策略是渠道合作。当市场行情不好时$(PR_2 < PR_0)$,合作社不可能选择违约。此时经销商是否进行合作取决于$(PR_0 - PR_2)Q$与DE的大小。当$(PR_0 - PR_2)Q < DE$时,经销商的最优策略是合作;当$(PR_0 - PR_2)Q > DE$时,经销商的最优策略是违约。

综上所述,合作社与经销商之间能否维护渠道关系,双方形成合作的纳什均衡,关键取决于协议中违约金额DE的大小。在实际交易中,合作社与经销商的协定违约金额都较少,而违约金的执行成本较高。在渠道成员违约的情况下,双方均要考虑上诉面临维权成本和沉默成本的比较。

基于以上的分析,我们可知合作社与经销商在博弈过程均存在违约行为,因此构建紧密的合作关系是解决当前违约问题的出路。

4.2 合作社与经销商渠道关系要素维度划分

基于农产品流通渠道中合作社与经销商关系博弈过程的分析,本书对合作社与经销商渠道关系要素维度进行划分,构建"渠道关系行为—渠道关系质量—渠道合作"的概念模型,并拟用结构方程来验证。

4.2.1 关系行为维度

学者们认为渠道成员间的关系行为会对关系质量产生直接或间接作用(Dwyer et al.,1987;Anderson 和 Narus,1990;Morgan 和 Hunt1994;Ganesan,1990)。目前渠道关系行为维度的探讨还没有一个统一的限定,本书根据前人的研究成果,选取沟通、资产专用性和共享价值三个维度来考察。

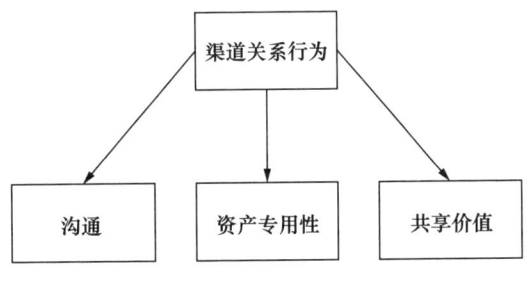

图 4-2 渠道关系行为的维度

4.2.1.1 沟通

沟通一直是营销渠道理论研究的焦点问题。对于沟通的含义，当前的研究集中在两个方面：一种是以 Wiiliamson（1985）为代表的学者，主要关注沟通的内在特性，比如沟通的频率和策略等；另一种是以 Anderson 和 NaruS（1990）为代表的学者，主要关注沟通的整体功能，如沟通的作用、沟通的社会交往能力以及沟通的质量。有代表性学者的观点见表 4-1：

表 4-1 沟通的含义

学者	含义
ETGAR M.（1979）	有助于解决争端达成共识
Guiltinan（1980）	解决冲突达成共识的过程
Frazeir（1984）	沟通的行为可以被视为是说服信息传递过程
Wiiliamson（1985）	效率、质量、战略和反应性
Anderson 和 NaruS（1990）	沟通可以消除彼此的误解和争论，达成协议
Mohr 和 Nevin（1990）	是黏合剂，有利于成员形成一个共同竞争力
Sheng 等（2006）	能够提高社会交往，减少合作风险
Paulraj 等（2008）	是社会交往能力，有利于形成竞争优势

资料来源：笔者整理。

从表 4-1 中可以看出，早期学者的研究主要关注沟通的内在属性，没有考虑它在渠道关系中的作用。后来的学者突出了沟通对渠道关系的重要影响，认为沟通有利于减少冲突，形成竞争优势。沟通不仅能降低伙伴双方互动的障碍，还能因此而增加伙伴之间的信任。

合作社在农产品流通中也存在沟通问题。"农超对接"存在一些"瓶颈"，合作社和超市缺乏有效的沟通影响合作。假如没有沟通，农产品企业能够满足顾客的需求是根本不可能的，合作社与下游成员保持合作也是不可能的。

对于沟通维度的划分，主要包括两维度和四维度划分标准。四维度比较有代表性的学者是 Mohr 和 Nevin（1990），他最早提出从频率、内容、形式和方向四个维度来进行测量。Stern 和 El - Ansary（1992）在 Mohr 和 Nevin（1990）的基础上进一步深化，提出从内容、方向、形式和产出四个维度进行测量。Mohr 和 Nevin（1990）基于合作性和自主性，提出两个维度测量标准，内容包括正式和非正式的沟通。两维度划分主要从社会性和工具性两个维度进行测量。表 4-2 是对沟通维度的总结。

本书根据沟通的定义,结合 Mohr 和 Nevin（1990）、Stern（1992）和 El - Ansary（1992）的维度划分标准,参考 Morgan 和 Hunt（1994）的问卷,采用七级李克特量表,设计五个指标。

表4-2 沟通的维度

学者	维度	内容
Mohr 和 Nevin（1990）	频率	沟通的次数
	方向	信息的纵向和横向流动
	形式	信息传递
	内容	信息内涵
Stern 和 El - Ansary（1992）	内容	产品、价格、促销和绩效
	形式	沟通方式
	方向	沟通绩效的满意度
	产出	合作程度与绩效
Mohr 和 Nevin（1996）	合作性	高频率、双向沟通、非正式和间接沟通
	自主性	低频率、单向、正式和直接沟通
Sheng 和 Brown 等（2006）	工具性	包括任务性沟通和目标性沟通,比较理性
	社会性	把经济活动"嵌入"进社会结构之中,比较感性

资料来源:笔者整理。

表4-3 沟通问项

构面	指标	问项	依据
沟通	COM1	对方会让我们知道新的业务	Morgan 和 Hunt（1994）等
	COM2	我们与对方经常进行信息的反馈	
	COM3	我们进行产品、价格、促销和绩效信息的交流	
	COM4	我们对目前的沟通很满意	
	COM5	双方频繁通过正式或非正式渠道交换信息	

4.2.1.2 资产专用性

资产专用性是企业的一种重要投资,是渠道关系研究中的一个重要变量。资产专用性内涵的研究集中在两大类:一类比较有代表性学者有 Joshi, A. W. 和 R. L. Stump（1999）以及武志伟（2007）,主要关注资产专用性的分类及构成方面;另一类是以威廉姆森（1985）、Brown, J. R., C. S. Dev 和 D. J. Lee 等为代表的学者,主要关注资产专用性的保护以及作用方面。有代表性学者的观点见表 4-4。

表 4-4 资产专用性的内涵

学者	内容	观点
威廉姆森（1985）	资产专用性保护	正式契约包括资产专用性
Joshi, A. W. 和 R. L. Stump（1999）	交易资产专用性	对程序、设备、培训或关系的投资
Brown, J. R. 等（2000）	资产专用性保护	是渠道控制的目的
Zenger, TR, Lazzarini, SG, Poppo, L.,（2002）	资产专用性的影响	会影响正式契约的使用程度
武志伟（2007）	关系资产专用性	为了维护关系进行的投资
庄贵军（2009）	资产专用性的作用	交易专有资产投入是一种承诺

资料来源：笔者整理。

从表 4-4 可以看出，资产专用性的研究从早期的普通资产专用性拓展到交易层面和关系层面，在渠道关系的研究中占有重要地位。企业渠道控制的目的是保护资产专用性。在农产品生产和流通中，因为存在不完全契约，各方为了维护渠道关系，也倾向于进行专用性资产的投资。合作社的资产专用性投资体现在场地、品牌建设以及销售渠道建设等方面，主要是由核心社员进行投资。

资产专用性维度的划分，最早由 Williamson（1985）划分为四个维度，包括专用资产、人力、场所以及实物。以后的学者都是在这个分类标准上进行的拓展，Chisholm 把它应用于美国家电行业的研究。Pelton 对 Williamson 的维度进行总结，划分为无形资产和有形资产两个维度。我国学者武志伟在 Pelton 的基础上，把资产专用性拓展到关系层面。主要学者的维度划分标准见表 4-5。

表 4-5 资产专用性的维度

学者	维度	内容
Williamson（1985）	场所	最早的划分标准
	实物	
	专用资产	
	人力	
Pelton（2001）	有形	土地、设备
	无形	人力、技术
武志伟（2007）	普通关系	有形、无形
	人情关系	私人关系

资料来源：笔者整理。

第4章 农产品流通渠道中合作社与经销商关系概念模型构建

本书结合威廉姆森、Joshi A. W. 等；Lusch R. F.，Brown J. R. 关于交易专有资产的定义，采用七级李克特量表，从无形资产投入和有形资产投入方面设计指标，见表4-6。

表4-6 资产专用性问项

构面	指标	问项	依据
资产专用性	AS1	双方为了业务联系均对自己的销售进行了改进	Joshi A. W. 等（1999）
	AS2	双方为了合作均投入了大量金钱和时间进行培训	
	AS3	关系如果结束，前期投资要承受很大损失	
	AS4	对方在产品、服务、交货方式、付款方式等方面做出较大的改变来适应我们	

4.2.1.3 共享价值

共享价值包含在组织文化中，是共同认可的价值观。组织文化是指大家普遍认可和遵循的价值观念、团体意识、行为规范和思维模式的体现，是一个长期积累的总和。

Schein 从基本假设、价值观、人造品与创造物三个层面，对组织文化进行划分：

第一，组织文化的载体是人，是对周围事物的共识。

第二，是人们基于战略和长期规划的考察而形成的价值观。

第三，人造品与创造物是最具体可见的层次，是组织文化的核心，包括语言以及物质行为等。共享价值对应于组织文化第二层次，即价值观。

共享价值是指一种共同信念，考察当事人的行为、目标、政策的正确性。（Morgan，1994）。共享价值是渠道关系的保证。只有基于共同的价值关系，才能维系和发展渠道关系。

合作伙伴之间能够持续、稳定的必要条件，是彼此能够合作下去的保证。组织理论和战略管理理论最早对共享价值展开研究。Dwyer 等、Heide 和 George 以及 Morgan 和 Hunt（1994）把它引入到渠道关系的研究领域，在渠道系统中，渠道成员只有基于共同价值观和共同目标才能长期合作。

本书根据 Caldwell 等、Das 和 Teng 关于共享价值的定义，并结合 Morgan 和 Hunt（1994）的问卷，采用七级李克特量表，从作风、价值取向、共同目标、共同政策等方面设计四个指标来测量，见表4-7。

4.2.2 关系质量维度

渠道关系质量是渠道关系的成员，依据一定的标准对渠道关系满足程度的评

表4-7 共享价值问项

构面	指标	问项	依据
共享价值	SV1	双方作风相互妥协	Morgan 和 Hunt（1994）等
	SV2	员工实事求是	
	SV3	我们非常关注合作伙伴的利益	
	SV4	为了关系的成功，常常需要有共同的目标与政策	

价，是感知总质量的一部分。本书依据 Smith 以及 Varki 与 Brodie 的划分标准，将渠道关系质量划分为信任、承诺和满意三个维度，见图4-3。

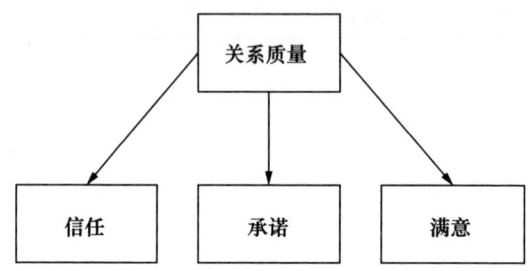

图4-3 渠道关系质量的维度

4.2.2.1 信任

齐美尔早在20世纪初就指出信任是社会中最重要的综合力量之一，在国外研究较早，然而直到20世纪90年代，信任问题才成为中国学术界研究的热点。不同学者对信任概念有着不同的理解，见表4-8。

表4-8 信任的含义

学者	含义
Luhmanm（1973）	降低人际交往的复杂性
Anderson 和 Narus（1990）	是指一方对另一方的可靠性，相互信任的行为对双方合作的深化将有一个积极的影响
Sabel（1993）	双方共同拥有的认知，降低脆弱性
Moorman 等（1993）	愿意相互依赖、对持续发展有信心
Morgan 和 Hunt（1994）	强势的一方放弃自己的能力，愿意受损
Davis 和 Schoorma（1995）	一种信心与积极的期望

续表

学者	含义
Donney 和 Cannon（1997）	可以感知到信任和善良，是一种信仰和依赖
Rousseau（1998）	积极的期望，能接受脆弱性的一种心态
Garbarino 等（1999）	客户信任
Dastk 和 Tenubs（2001）	感知对方愿意承担义务和责任的信心
郑也夫（2001）	相信对方的行为
王少卓（2007）	相信对方不会利用自己的弱点
叶飞和徐学军（2009）	一个相互信任的信心
张慧涛和费颖（2010）	在约束和监督不完备的情况下，没有自私自利的态度

资料来源：笔者整理。

通过国内外学者对信任的界定，我们可知环境的不确定性是信任发起的动机，双方的依赖会形成信任。信任可以产生于"人际间""个人—组织间""个人—社会机构"与"组织—组织"之间。在农产品流通渠道中，合作社与经销商之间的信任是一种组织间的信任。我国学者刘宇翔认为从合作社的历程中，可以看出自发的合作大多基于成员间的信任，可以有效地减少内部交易成本，提高组织运行效率，信任可以提升凝聚力。

对于信任维度的划分，学者们主要从两个维度和三个维度进行分类。其中两个维度的划分，以 Luhmanm、Ganesan、McAlliste、Nyhan、高承恕和陈介玄等为代表。这类学者主要关注两个方面的内容：一是相信交易伙伴是正直、有能力、可信赖的。二是对对方伙伴具有善意的信任，对方愿意为了长期利益作出牺牲。三个维度的划分，以学者以 Zucer、Barney 和 Hansen 等为代表，划分的依据取决于信任的程度和预期经验等。当前有代表性学者的观点见表4－9。

表4－9　信任的维度

学者	维度	内容
Luhmanm（1979）	制度	基于信任来源
	人际	
Zucer（1986）	经验	基于预期经验
	文化	
	制度	

续表

学者	维度	内容
Sako（1992）	善意	信仰、同情等
	契约	契约完备
	能力	质量保证、时间、可靠性
高承恕和陈介玄（1991）	理性计算	基于台湾企业的信任格局
	人情连带	
Ganesan（1994）	善心	对突发事件的善心
	可靠性	专业程度
Barney 和 Hansen（1994）	低度	较低的成本
	中度	治理信任
	高度	硬核心信任
McAlliste（1995）	情感	基于态度
	认知	
Lewicki 和 Bunker（1995）	认同型	基于信任来源
	计算型	
	了解型	
Nyhan（1999）	个人	基于个人品质和能力
	组织	基于组织能力、声誉等

资料来源：笔者整理。

本书在衡量信任构面时，参考 Ganesan、席利卿、Morgan 和 Hunt 的问卷，采用七级李克特量表，设计 7 个题目来衡量，见表 4-10。

表 4-10 信任问项

构面	指标	问项	依据
信任	TR1	我们非常信任我们的合作伙伴	Morgan 和 Hunt 等
	TR2	对方总是信守承诺	
	TR3	对方做重要决策时会考虑我们的利益	
	TR4	我们和对方人员之间已发展了高水平的信任	
	TR5	对方认为我们的成功是重要的	
	TR6	即使出现不利于我们的情况（比如合同不完备、信息不对称），对方也不会利用此弱点	
	TR7	对方为了帮助我们愿意做出牺牲	

4.2.2.2 承诺

承诺是关系质量的重要变量。学者们从心理契约、关系价值等角度对关系承诺做了定义。早期研究集中在组织视角，如 Dwyer 从投入、一致性、持续性来进行分析，近期拓展到心理视角，被认为是一种长期愿望，有利于维护稳定关系。Morgan 和 Hunt（1994）指出承诺的重要性，把它应用到渠道关系研究中，认为渠道成员在合作中要尽量去维护承诺。Kwonig、Suht 也指出承诺对渠道关系的重要性，成员间缺乏承诺，合作就会变得脆弱。主要学者的观点见表4-11。

表4-11 承诺含义

学者	含义
Dwyer 等（1987）	是一种长期继续的关系，也是一种牺牲短期利润实现长远利益的意图
Lagace R 等（1991）	买卖双方产生的信任以及由此关系产生的心理契约
Anderson 和 Weitz（1992）	一种稳定发展关系，为了维持关系随时准备做出短期的牺牲
Moorman 等（1992）	一种持续的意愿以维持具有价值的关系
Gerald 等（1992）	双方保持有价值关系持久的愿望
Ganesan（1994）	长期关系的拥有和使用
Morgan 和 Hunt（1994）	交易的一方对可持续关系的认可，并保证尽最大的努力去维护
Goodman L. E. 和 Dion P. A.（2001）	维护和巩固现有的关系
Kwonig 和 Suht（2005）	价值观认同和情感依恋

资料来源：笔者整理。

对于承诺维度的划分，学者们主要从两个维度和三个维度进行分类。其中两个维度的划分，以 Mathieu 和 Zajac、Penley 和 Gould、Brown 等学者为代表，这类学者基于内在和外在两个层面，把承诺划分为工具性和规范性，工具性体现为外在的奖励或惩罚，规范性体现为内在价值观认同；也有学者把承诺划分为计算性和情感性，计算性指利益和成本的认同，情感性指目标和价值观的认同。见表4-12。

三个维度的划分以 Emest 等、Goodman 和 Dion 为代表，划分为情感承诺、工具承诺和时间承诺。

表4-12 承诺的维度

学者	维度	内容
Mathieu 和 Zajac (1990)	计算性承诺	利益和成本的认同
	情感性承诺	目标和价值观的认同
Brown 等 (1995)	工具性关系承诺	外在的奖励或惩罚驱动
	规范性关系承诺	内在的共同准则和认同
Zhao 等 (2008)	工具性关系承诺	等同于情感性承诺
	规范性关系承诺	等同于计算性承诺
Goodman 和 Dion (2001)	情感承诺	对未来关系的正向态度
	工具承诺	人力、物力和时间方面
	时间承诺	关系持续性的期望

资料来源：笔者整理。

本书参考 Emest 等、Goodman 和 Dion，采用七级李克特量表，设计五个题目来衡量承诺问项，见表4-13。

表4-13 承诺问项

构面	指标	问项	依据
承诺	PR1	我们与对方有稳定合同关系	Emest 等
	PR2	我们打算保持和发展这种关系	
	PR3	我们很满意与对方的合作	
	PR4	我们愿意投入更多物力来发展合作关系	
	PR5	我们愿意花费时间来维系合作关系	

4.2.2.3 满意度

Robicheaux 与 El-Ausary 最早把满意度应用到渠道关系的研究中。满意度是成员之间的情绪反应和对关系的评价。满意度含义的研究集中在两个方面：一方面是指渠道成员对当前情感状态的反应，体现了满意的过程；另一方面是对当前状态的评价，是满意的结果。有代表性学者们关于满意的观点见表4-14。

对于渠道满意的维度划分，学者们主要从两个维度和多个维度进行分类，集中在经济层面和非经济层面。早期的学者以 Ruekert 和 Churchill、Mayo、Richardson 和 Simpson、Prahinski 为代表，主要关注经济层面的测量。后期的学者加入了非经济性层面来测量，这是由于渠道成员的行为在产生经济满意的同时，有可能破坏了渠道成员的非经济满意。比较有代表性的学者有 Geyskens、Steenkamp

第4章 农产品流通渠道中合作社与经销商关系概念模型构建

表4-14 满意度的含义

代表人物	含义
Vroom	渠道中成员感情或情绪的反应
Price	组织团队中成员的情感取向
Seashore	渠道互动的心理满足感
Robicheaux	经销商完全同意渠道成员的安排
Rueker	包括了与另一个成员的所有特点
Schul	渠道关系的认知和情感方面的评估
Frazier	企业间的情绪状态评价

资料来源：以周艳春（2010）为基础整理。

和Kumar、Eyskens、Gilbert N等。经济满意度通常从销售额、折扣和利润等经济行为进行评价，而非经济满意度（社交满意度）是指从关系心理角度渠道成员间的关系进行评价，通常非经济性的影响要比经济性的影响大。研究表明，经济满意水平较高时，渠道成员处理特殊问题的积极性会很高。主要有代表性学者观点见表4-15。

表4-15 满意的维度

学者	维度	内容
Ruekert和Churchill（1984）	产品满意	基于经济层面的研究
	财务满意	
	社会交往满意	
	合作广告计划	
	促销支援满意	
Mayo、Richardson和Simpson（1998）	销售援助	基于经济层面的研究
	促销援助	
	获利能力	
	新产品开发	
	产品品质	
	服务	
Geyskens、Steenkamp和Kumar（1999）	社会	关系互动是愉快的
	经济	销售额、利润和折扣

续表

学者	维度	内容
Geyskens (1999)	经济	销售量和利润
	非经济	沟通、互相尊重、更愿意交流问题的看法
Prahinski (2004)	成本降低率	操作性指标，经济性层面
	库存降低率	
	次品率降低率	
	准时交付率	
Gilbert N. (2010)	关系满意	互相尊重、信任、交流
	结果满意	销售量、利润

资料来源：笔者整理。

基于以上的分析，本书依据 Geyskens and Steenkamp、Gilbert N.、唐鸿基于经济层面和非经济层面两个维度，采用七级李克特量表，设计了五个测量指标，见表4-16。

表4-16 满意度问项

构面	指标	问项	依据
满意	SAT1	即使有机会与别人交易，我也不会停止和对方交易	Gilbert N. 等
	SAT2	相比我们的期望，我们非常满意对方目前的表现	
	SAT3	我们与对方的合作非常愉快	
	SAT4	和对方的合作能给我们带来很好的效益	
	SAT5	双方的互动是在相互尊重的基础之上，对方会很有技巧地表达对我方的批评和意见	

4.2.3 渠道合作维度

渠道合作是渠道关系的结果变量。渠道s合作是一种过程也是一种结果。在专业化分工的前提下，渠道成员必须进行合作。目前学者们对渠道合作的内涵主要集中在三类：第一类比较有代表性的学者有 Stem 和 Reve、Anderson 和 Narus、米尔詹、洪特、Smith 等，主要关注渠道合作的状态和依赖性；第二类比较有代表性的学者有 Anderson 和 Narus、Rang 和 Vandeven、Cannon，主要关注渠道合作的过程；第三类比较有代表性的学者有坎农、佩罗、杜瓦帝、戴维斯等，主要关注的是渠道合作的共同目标。主要学者观点见表 4-17。

表 4-17 合作含义

学者	含义
Anderson 和 Narus (1990)	在一个相互依存的关系中,企业采取行动并期望得到长期回报
Rang 和 Vandeven (1994)	一种连续性的异中求同的动态过程
Smith (1995)	为实现共同利益个人或团体的互动
Cannon (1992)	基于共同的期望,相互协调行动
Stem 和 Reve (1980)	合作就是缺少冲突
米尔詹、洪特 (1994)	共同的工作目标
坎农、佩罗 (1999)	共同目标和子目标
杜瓦帝、戴维斯 (2004)	为了个人目标和相互目标共同努力

资料来源：根据相关资料整理。

基于渠道合作的内涵,我们认为依赖性、合作过程和具有共同目标是渠道合作的三个特性,可以说渠道合作就是一种过程,也是一种行为和意愿。农产品流通渠道中,合作社与经销商之间同样需要进行渠道合作,有利于提高农产品流通效率。

学者们对于渠道合作行为的过程和后果有不同的观点。本书认为依赖性是前期基础,合作的过程是为了提高绩效。因为契约的不完备性,成员之间存在博弈关系,为了短期利益会放弃长期利益,但从长远来看,成员之间的相互信任比短期利益好,Morgan and Hunt (1994) 认为机会主义是一种短期行为,基于信任和承诺的长期合作是一种正合博弈。

本书根据 Morgan and Hunt、Mcdonough 对渠道合作的定义,采用七级李克特量表,设计三个题目来测量,见表 4-18。

表 4-18 合作问项

构面	指标	问项	依据
合作	COO1	我经常推荐其他人和对方做生意	Morgan 和 Hunt 等
	COO2	对方了解我们的业务战略,我们已经建立紧密的业务伙伴关系	
	COO3	我们共同制订未来业务发展计划,定期进行业务回顾和探讨	

4.3 农产品流通渠道中合作社与经销商关系模型构建与理论假设

4.3.1 农产品流通渠道中合作社与经销商关系模型构建

本书基于对合作社与经销商渠道关系要素维度进行划分,结合 Morgan 和 Hunt(1994)的 KMV 模型、李连英的渠道关系模型和庄贵军的研究成果,构建"渠道关系行为—渠道关系质量—渠道合作"的概念模型。模型提出了 15 个假设,构建了前置变量(影响因素,包括沟通、适应性、资产专用性、共享价值)和中介变量(信任、承诺、满意)和结果变量(渠道合作),试图深入说明渠道关系的实现机理,即通过加强沟通、提高资产专用性投入和增加共享价值来提高渠道信任和渠道承诺和满意,渠道满意和渠道信任会对渠道承诺产生影响,渠道满意、渠道承诺和渠道信任共同作用,会促进渠道合作。模型的 15 个假设,H1a、H1b、H2a、H2b、H2c、H3a、H3b 是前置变量对中介变量的假设;H4a 和 H5a 是中介变量内部之间的假设;H6a、H7a 和 H8a 是中介变量对结果变量的假设;H6b、H7b 和 H8b 是中介作用的假设。以上假设全部为正向假设。

研究假设:

H1a:在农产品流通渠道中,合作社与经销商双方的资产专用性投资与渠道信任之间存在显著的正相关关系,资产专用性投入水平越强,渠道的信任程度就越强。

H1b:在农产品流通渠道中,合作社与经销商双方的资产专用性投入与渠道承诺之间存在显著的正相关关系,资产专用性投入水平越强,渠道的承诺程度就越强。

H2a:在农产品流通渠道中,合作社与经销商双方的共享价值与渠道承诺之间存在显著的正相关关系,双方的共享价值水平越强,渠道的承诺就越强。

H2b:在农产品流通渠道中,合作社与经销商双方的共享价值与渠道信任之间存在显著的正相关关系,共享价值水平越强,渠道的信任程度就越强。

H2c:在农产品流通渠道中,合作社与经销商双方的共享价值与渠道满意之间存在显著的正相关关系,双方的共享价值水平越强,渠道的满意程度就越强。

H3a:在农产品流通渠道中,合作社与经销商双方的沟通与渠道信任之间存在显著的正相关关系,沟通能力越强,渠道的信任程度就越强。

第4章 农产品流通渠道中合作社与经销商关系概念模型构建

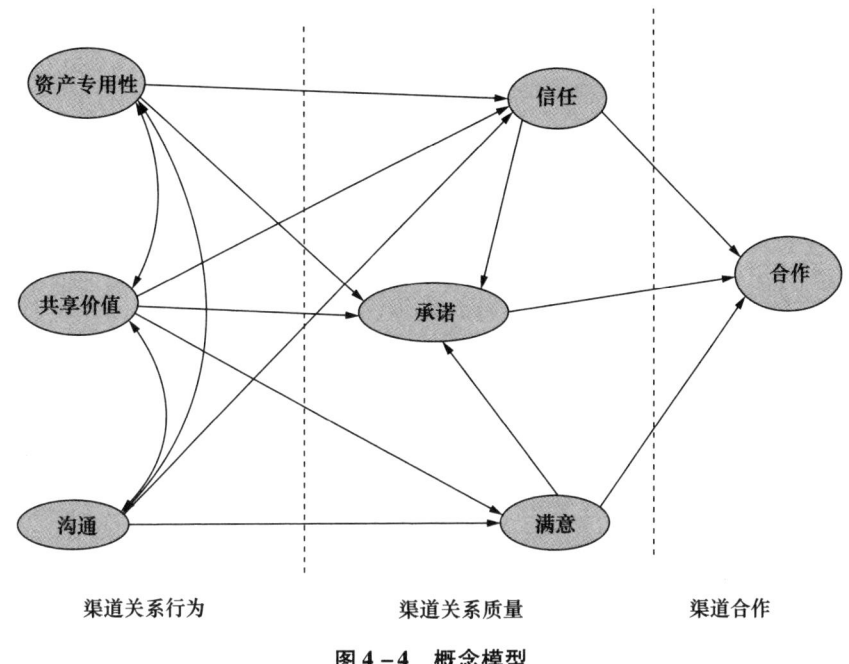

图4-4 概念模型

H3b：在农产品流通渠道中，合作社与经销商双方的沟通与满意之间存在显著的正相关关系，沟通能力越强，渠道的满意程度就越强。

H4a：在农产品流通渠道中，合作社与经销商双方的信任会对承诺产生正向影响，信任水平越强，渠道的承诺程度就越强。

H5a：在农产品流通渠道中，合作社与经销商双方的满意与承诺之间存在显著的正相关关系，满意水平越强，渠道的承诺程度就越强。

H6a：在农产品流通渠道中，合作社与经销商双方的承诺与合作之间存在显著的正相关关系，承诺水平越强，合作程度就越强。

H6b：在农产品流通渠道中，合作社与经销商之间的信任在渠道关系行为对渠道合作的影响中起到中介效应。

H7a：在农产品流通渠道中，合作社与经销商双方的信任与合作之间存在显著的正相关关系，信任水平越强，合作程度就越强。

H7b：在农产品流通渠道中，合作社与经销商之间的承诺在渠道关系行为对渠道合作的影响中起到中介效应。

H8a：在农产品流通渠道中，合作社与经销商双方的满意与合作之间存在显著的正相关关系，满意水平越强，合作程度就越强。

H8b：在农产品流通渠道中，合作社与经销商之间的满意度在渠道关系行为对渠道合作的影响中起到中介效应。

4.3.2 农产品流通渠道中合作社与经销商关系要素间假设

4.3.2.1 渠道关系行为对渠道关系质量的假设

4.3.2.1.1 资产专用性对渠道关系质量的假设

（1）资产专用性与信任之间关系

资产专用性是企业的一种重要投资。企业渠道控制的目的是为了保护资产专用性。资产专用性投资对渠道关系产生重要影响，进行交易专有资产投入是营销渠道的最重要、最有效的承诺表达方式，通过交易专有资产做抵押会赢得对方信任，但是，同时也会产生风险，当合作关系结束时，一方投入的交易专有资产越大，面临的损失就越大（庄贵军，2009）。

Sako M.，Helper S. 认为伙伴之间进行双边资产专用性投资，会促进相互依赖，这种依赖性的产生可以锁定伙伴关系和促进信任的产生和维护。Sandy D. Jap 认为，要想加强合作伙伴间的信任关系，就需要不断对专用性资产投资增加投入，通过资产专用性投入，可有效提升渠道组织成员之间信任水平，因此，专用性资产的投资是形成渠道关系资本的必要条件。同时，组织间信任对关系专用性投资的显著促进作用。Handfield 等证实了人力、地点、合同、相互依赖性等资产专用性的四个维度，会对渠道成员之间的信任产生影响，地点投资会影响人力投资，二者共同作用会提高双方的信任度。双边专用性投资是企业获得竞争优势的重要资源，专用资产投资有利于建立起制造商信任与供应商可信度关系（王国才，2011）。

农产品流通渠道中合作社与经销商之间进行双边资产专用性投资，会促进合作社与经销商的相互依赖，这种依赖性的产生可以锁定双方的合作关系，促进信任的产生和维护。基于 Buvik A.，Haugland S. A. 的观点，我们认为合作社与经销商中的一方进行资产投资，会赢得对方的信任。合作社与经销商进行资产专用性投资，就会释放出一个信号，他愿意与对方保持长期合作，双方的关系会互为锁定，对方会感知到信任，也会追加资产专用性，因而双边资产专用性投资会促进信任的产生。

基于以上分析，我们可知资产专用性投入对渠道信任产生影响，假设如下：

H1a：在农产品流通渠道中，合作社与经销商双方的资产专用性投资与渠道信任之间存在显著的正相关关系，资产专用性投入水平越强，渠道的信任程度就越强。

（2）资产专用性与承诺之间关系

资产专用性投资也会对关系承诺产生影响。关系专用性投资是企业的一种关系承诺,这种承诺是基于前期的信任程度(Morgan and Hunt,1994)。渠道成员经过多次磨合,双方关系逐渐趋于平衡,增加双方的资产专用性投资,会提高成员之间的承诺水平(王国才,2011)。针对合作伙伴在交易专有资产上进行投入,是一种重要的、行为上的承诺表达方式。

在农产品流通渠道中,农户对合约的履行水平受到资产专用性的影响很大,通常前期投入越大、种植规模越大的农户,履约率越高(Williams and Karen,1985)。Camey 和 Watts 认为,在订单农业中,农户为了获得经销商的承诺,加大资产专用性的投入力度,双方关系互为锁定,关系结束时,农户的前期投入沉没,会受到很大损失。在农产品流通中,因为契约不完备,成员进行资产专用性投资会有风险,合约的作用可以避免套牢风险,通过农户与企业的资产专用性抵消作用而使合作剩余的分配较为公平,同时,合作中出现的寻租问题,可通过承诺解决。

因此,我们可知资产专用性投资对渠道关系承诺产生重要影响,提出如下假设:

H1b:在农产品流通渠道中,合作社与经销商双方的资产专用性投入与渠道承诺之间存在显著的正相关关系,资产专用性投入水平越强,渠道的承诺程度就越强。

4.3.2.1.2 共享价值与渠道关系质量的关系

(1)共享价值与承诺之间关系

共享价值是影响伙伴之间关系承诺最重要的因素,双方存有共同的目标以及政策,在某种程度上彼此分享自己的资源、能力。故当共享价值的程度越高,关系承诺越高。

在渠道范畴,共享价值的程度被认为与渠道承诺水平存在正向相关,即渠道成员间的共享价值观念越多,彼此间行动的一致性就越高,持续发展现有关系的愿望就越强烈。

基于以上的文献,我们可知共享价值对渠道承诺产生影响,因此,提出如下的假设:

H2a:在农产品流通渠道中,合作社与经销商双方的共享价值与渠道承诺之间存在显著的正相关关系,双方的共享价值水平越强,渠道的承诺就越强。

(2)共享价值与信任、满意之间关系

共享价值可起到类似共有组织文化的作用,即通过软性管理来增强群体的凝聚力,促成双方的相互认同,增强彼此的信任。共享价值是成员在行为、目标及政策等方面所具备共通的信念;当一个社群分享同一套共享价值观,借此建立对彼此规律与诚实行为的期望之后,这个社群的信任度也会跟着提升。

共享价值是影响信任最重要的因素。合作双方，若某一方发现对方并未为了彼此的目标、行为尽最大的努力，可能会降低信任感；反之，若双方皆尽力去提高自己的能力以达成伙伴之间的目标，信任程度会提升。张钢、张东芳以被信任对象的感知可信度模型为本书框架，研究发现专用资产投资、信息共享程度是影响信任的重要因素。故当共享价值的程度越高，信任就越高。

共享价值对渠道成员间满意度的形成有促进作用，渠道成员之间具有共同的目标、共同的价值观，可以减少双方的信息不对称，增强满意感，使渠道成员用相互理解的态度来寻求建设性的解决方案，防止冲突，同时也降低机会主义行为发生的可能。频繁的信息交流，有利于促进关系双方的合作，减少不满意感。

基于以上的文献，我们可知共享价值对渠道信任、满意产生影响，因此，提出如下的假设：

H2b：在农产品流通渠道中，合作社与经销商双方的共享价值与渠道信任之间存在显著的正相关关系，共享价值水平越强，渠道的信任程度就越强。

H2c：在农产品流通渠道中，合作社与经销商双方的共享价值与渠道满意之间存在显著的正相关关系，双方的共享价值水平越强，渠道的满意程度就越强。

4.3.2.1.3 沟通与渠道关系质量的关系

（1）沟通与信任之间的关系

沟通是成功地发展长期渠道关系的关键因素，有助于减少双方的信息不对称。沟通对渠道成员间信任感的形成有促进作用，这是因为沟通有助于解决争议和取得一致意见。沟通是正式和非正式的对有价值信息的共享。双方的相互信任水平越高，越倾向于加强沟通，而反过来相互间的沟通又有利于加强双方之间的相互信任。

信任是抵押物、专用性资产以及沟通等要素的函数。渠道成员间信息沟通的频率和质量对双方采取协调行动实现各自的目标有重要影响。虽然沟通可以影响信任，但对于关系承诺的影响却是间接的。沟通还可以经由时间的关系，累积沟通品质，当沟通品质良好时，信任程度也随之升高；反之，当双方存在不良的沟通品质之时，对方的信度程度也随之降低。

基于以上的文献，我们可知沟通对渠道信任产生影响，因此，提出如下假设：

H3a：在农产品流通渠道中，合作社与经销商双方的沟通与渠道信任之间存在显著的正相关关系，沟通能力越强，渠道的信任程度就越强。

（2）沟通与满意之间的关系

沟通是通过媒介进行信息传递的人际互动，企业之间的沟通，体现在组织层面。从现有研究来看，沟通因素能够对渠道关系满意度产生影响：首先，沟通具有信息交换的功能,能满足企业的信息需求,进而提升满意度。其次,沟通具有交互功能,沟通的载体是人,人际之间的交互体现为特定的工作习惯和模式,是一种非正式组织,这也能促进满意度的形成。最后,沟通能够促进信任感的提升,避免冲突行为的发生,从而改善满意度。组织间的沟通是在形式、内容、媒介使用方面影响满意度。Mohr 和 Sohi 的研究表明,渠道沟通的质量与效果与渠道成员对沟通的满意程度是正相关的,这是因为高质量的沟通使渠道成员获得了完整、准确和可信赖的信息,增强营销能力。Nielson 指出,关系双方的信息交换对关系收益有显著的正面影响,Ignacio 等也证明了沟通与经济满意是显著正相关的。

基于以上的文献,我们认为沟通对渠道满意产生影响,因此,提出如下假设:

H3b:在农产品流通渠道中,合作社与经销商双方的沟通与满意之间存在显著的正相关关系,沟通能力越强,渠道的满意程度就越强。

4.3.2.2 中介变量各要素之间的假设

信任是影响关系承诺非常突出的行为因素。在市场交易环境下,买卖双方的关系承诺主要受市场和行为因素影响。Chaudhuri 和 Hlbroook 认为双方具有高度信任,能增强情感承诺和态度承诺。

在高度信任的环境下,渠道成员间对未来的关系价值有信心,倾向于进行承诺。影响企业间信任的因素很多,包括沟通、适应性、资产专用性等,结果变量有满意、承诺和合作等。其中,承诺被认为是信任的直接后果(Morgan R. M.、Hunt S. D. T.,1994)。由于承诺具有潜在的伤害和牺牲,所以无论是个人还是组织都不可能轻易付出承诺,除非信任已先建立,所以信任是承诺的前因。

在"B to C"的关系中,学者们一致认为满意是关系承诺的前因。Gruen (1995)研究发现,顾客满意可以促进承诺。张艳辉通过对保险行业进行实证研究表明,满意度影响顾客的关系承诺。在"B to B"的渠道成员之间,渠道满意和渠道承诺密不可分。Geyskens、Steenkamp 和 Kumar 研究表明渠道满意可以通过渠道信任间接影响渠道承诺。Geyskens 和 Steenkamp 研究发现,渠道(经济)满意可以直接影响渠道承诺(忠诚度)。Thibaut 和 Kelley 指出,维系关系的倾向取决于对关系的满意比较水平和可替代关系的比较水平,如果关系预期收益大于期望值,可以促进承诺意愿的产生。

基于以上分析,我们可知渠道信任、满意也会影响到渠道承诺,因此提出如下假设:

H4a:在农产品流通渠道中,合作社与经销商双方的信任会对承诺产生正向影响,信任水平越强,渠道的承诺程度就越强。

H5：在农产品流通渠道中，合作社与经销商双方的满意与承诺之间存在显著的正相关关系，满意水平越强，渠道的承诺程度就越强。

4.3.2.3 渠道关系质量与渠道合作的假设

（1）承诺与合作之间的关系

关系承诺代表了合作双方对维持长久和稳定关系的意愿，是对未来合作的态度。渠道成员之间的合作，一方面要求资源与能力的相互匹配，另一方面还要求渠道成员之间的目标兼容、相互信任并践行承诺；Palmer研究发现，承诺、伙伴的匹配性、回报以及利益分配与合作绩效正相关。Sonia J. Dickinson 和 B. Ramaseshan研究发现，合作双方的行为承诺越高，合作企业的绩效越高。

在服务营销领域，关系质量、服务品质与形象素质都会导致满意的行为和（或）信任；反过来，渠道成员之间的合作意愿和合作行为是信任的直接结果；承诺是渠道成员间合作的意愿表达。渠道成员之间承诺意愿和承诺行为的表达会直接产生合作行为，双方的关系价值也会提升。Barney 和 Hansen（1994）认为合作是未来的承诺行为。潘文安和张红通过实证发现，承诺在信任对合作绩效的影响中起到部分中介作用。在农产品流通渠道中，李崇光与胡华平研究发现，信任对合作产生影响，承诺的影响作用不明显。

基于以上分析，我们可知渠道承诺也会影响到渠道合作，因此提出如下假设：

H6a：在农产品流通渠道中，合作社与经销商双方的承诺与合作之间存在显著的正相关关系，承诺水平越强，合作程度就越强。

（2）信任与合作之间的关系

大量有关渠道信任的研究都将信任看作渠道合作的基础，只有在渠道信任度高时，关系中一方才会放弃短期收益追求长期利益，进行渠道合作，这是因为，在一个信任度高的环境下，可以精简非常耗费成本的谈判与签约过程，简化烦琐的合同制定、监督与执行过程，从而降低交易成本，并可以在早期以一种双方都满意的方式解决双方之间的矛盾，提高双方的合作水平。姚伟坤、周梅华、张炎考察了产业集群环境下的企业品牌纵向合作关系结果表明，集群信任度越高，品牌合作关系越容易形成，品牌合作绩效就越高。张旭梅等研究发现企业间信任与合作绩效存在正相关的关系，知识获取起到中介作用。叶飞、徐学军研究发现供应链伙伴之间的信任、关系承诺和信息共享三个变量对企业的运营绩效产生正向的影响。因此，信任是生产和销售合作关系的核心。

基于以上分析，我们可知渠道信任也会影响到渠道合作，因此提出如下假设：

H7a：在农产品流通渠道中，合作社与经销商双方的信任与合作之间存在显著的正相关关系,信任水平越强,合作程度就越强。

(3) 满意与合作之间关系

大多数有关渠道满意研究表明,渠道满意有助于减少渠道冲突、促进渠道合作与提高渠道绩效;如 Hunt 和 Nevin 研究指出,在契约式关系中,渠道满意度低的交易伙伴会降低士气、阻碍合作与增加诉讼,合作可以提高渠道成员的满意度,研究指出,满意能减少渠道成员间的分歧与非建设性冲突,从而提高渠道合作效率;Schul 和 Little 及 Pride 研究发现,对渠道合作伙伴的满意度将影响渠道关系的持续时间和品质;Mohr 和 Nevin 研究还指出,对供应商满意度高的分销商,更会希望与企业进行交易;李崇光与胡华平在生鲜农产品垂直渠道关系整合研究中,发现渠道满意对渠道合作有显著的正向影响。

基于以上分析可知,渠道满意也会影响到渠道合作,因此提出如下假设:

H8a:在农产品流通渠道中,合作社与经销商双方的满意与合作之间存在显著的正相关关系,满意水平越强,合作程度就越强。

第5章

农产品流通渠道中合作社与经销商关系实证研究

本章对第4章理论模型,展开实证研究设计与实施,进行信度、效度检验,运用结构方程进行实证检验。

5.1 小样本预测试

为了在正式调研之前减少误差,本书在大量问卷发放之前,进行了预测试,进行了小量样本的调研,采用探索式因子分析的方法,进行检验。

5.1.1 预测试的实施

小样本的调研是在2014年7月,地点是呼和浩特市,在内蒙古自治区的农民专业合作社会议上,针对合作社的社长和理事长,共发放了问卷100份,收回90份,其中有效问卷78份,有效回收率为78%。

表5-1 小样本的被调查合作社与问卷填写者基本特征　　单位:%

特征		频数	百分比
所属合作社类型	蔬菜	21	26.9
	畜产品	17	21.8
	粮食	13	16.7
	农产品加工	11	13.1
	其他	16	20.5

续表

特征		频数	百分比
规模	100 万元及以下	50	64.1
	100 万~500 万元	20	25.6
	500 万元及以上	18	23.1
合作社成立时间	1 年	3	0.04
	1~3 年	23	29.5
	3~5 年	30	38.5
	5 年及以上	22	28.2
年龄	30 年以下	4	0.05
	30~40 岁	53	67.9
	40 岁及以上	21	26.9

资料来源：笔者整理。

对各变量的均值和标准差进行统计分析，通过分析对变量的收敛性有了一个总计了解。具体结果见表 5-2。

表 5-2　小样本的描述性统计

	样本数	最小值	最大值	均值	标准差
Tr1	78	2.00	7.00	4.5128	1.19244
Tr2	78	1.00	7.00	3.9231	1.37481
Tr3	78	1.00	7.00	4.6667	1.08910
Tr4	78	1.00	7.00	5.2179	1.44732
Tr5	78	1.00	7.00	4.7564	1.16425
Tr6	78	2.00	7.00	4.8462	1.17415
Tr7	78	3.00	7.00	4.8205	0.92222
AS1	78	3.00	7.00	4.9487	0.91022
AS2	78	2.00	7.00	4.9615	1.03751
AS3	78	3.00	7.00	4.9744	0.80541
AS4	78	2.00	7.00	4.8846	0.95320
SV1	78	2.00	7.00	4.6923	0.98439
SV2	78	3.00	7.00	4.8846	0.89705
SV3	78	2.00	7.00	5.0385	0.93200

续表

	样本数	最小值	最大值	均值	标准差
SV4	78	2.00	7.00	5.1923	0.94054
COM1	78	2.00	7.00	4.5513	1.01479
COM2	78	2.00	7.00	4.7308	0.94900
COM3	78	2.00	7.00	4.4744	1.06569
COM4	78	2.00	7.00	4.7436	1.02483
COM5	78	2.00	7.00	4.9872	1.27405
SAT1	78	1.00	7.00	4.1923	1.27979
SAT2	78	1.00	7.00	4.1667	1.41803
SAT3	78	1.00	7.00	4.1538	1.23874
SAT4	78	1.00	7.00	3.8205	1.26638
SAT5	78	1.00	7.00	3.8462	1.42407
COO1	78	1.00	7.00	4.6923	1.14311
COO2	78	1.00	7.00	4.7051	1.14085
COO3	78	1.00	7.00	4.6667	1.13580
PR1	78	1.00	7.00	5.0769	1.26665
PR2	78	1.00	7.00	5.1154	1.17308
PR3	78	1.00	7.00	4.9359	1.18803
PR4	78	1.00	7.00	4.6795	1.23260
PR5	78	2.00	7.00	4.4231	1.05090
Valid N	78				

5.1.2 变量信度、效度分析

本书采用探索性因子分析来进行信度和效度的检验，依据 Hair 的观点，组成信度 0.7 是可接受的门坎，而 Fornell 和 Larcker 建议组成信度为 0.5 以上即可，Fornell 和 Larcker 建议 AVE 其标准值须大于 0.5。本书按照 0.6 的标准判定组成信度，本书对前置变量（渠道关系行为）、中介变量（渠道关系质量）和结果变量（渠道合作）的 33 个测量题项进行探索式因子分析，删除不合理题项。具体结果如表 5-3 所示。

第5章 农产品流通渠道中合作社与经销商关系实证研究

表5-3 小样本前置变量的 CR & AVE

变量	构面	标准化因子载荷	标准化系数平方（SMC）	标准化残差（1-SMC）	组成信度CR	平均变异萃取量（AVE）
资产专用性	AS1	0.880	0.774	0.226	0.874	0.637
	AS2	0.830	0.689	0.311		
	AS3	0.690	0.476	0.524		
	AS4	0.780	0.608	0.392		
沟通	COM1	0.82	0.672	0.328	0.876	0.587
	COM2	0.62	0.384	0.616		
	COM3	0.84	0.706	0.294		
	COM4	0.81	0.656	0.344		
	COM5	0.72	0.518	0.482		
共享价值	SV1	0.700	0.490	0.510	0.836	0.560
	SV2	0.800	0.640	0.360		
	SV3	0.720	0.518	0.482		
	SV4	0.770	0.593	0.407		

注：组成信度0.7是可接受的门坎（Hair，1997）、Fornell和Larcker（1981）建议AVE其标准值须大于0.5。

从表5-3中可以看出，在前置变量中，资产专用性共有四个题项，进行EFA后，全部因子载荷在0.69～0.88，组成信度CR为0.874，超过0.7的标准；平均变异萃取量AVE为0.637，超过0.5的标准。沟通共有五个题项，全部因子载荷在0.62～0.82，符合标准；组成信度CR为0.876，超过0.7的标准；平均变异萃取量AVE为0.587，超过0.5的标准。共享价值共有四个题项，全部因子载荷在0.70～0.80，组成信度CR为0.836，超过0.7的标准；平均变异萃取量AVE为0.560，超过0.5的标准。以上变量，残差全部为正，没有违法估计，符合条件。

从表5-4中可以看出，在中介变量中，信任共有七个题项，进行EFA后，第二题和第七题的因子载荷在0.6以下，删掉这两个题项再进行EFA，全部因子载荷在0.66～0.85。删除后的信度0.867大于删除前0.860；删掉后的AVE 0.579大于删除前的0.447，超过了0.5的标准，满足条件。承诺构面共有五个题项，其中第二个题项为0.97，过高，删掉这个题项，全部因子载荷在0.72～0.94，删除后的信度0.909小于删除前的0.934，高于0.7的标准；删除后的平均变异萃取量AVE 0.716小于删除前的0.740，高于0.5，符合标准。满意共有五个题项,全部因子载荷在 0.69~0.93,符合标准;组成信度 CR 为 0.917,超过 0.7 的标准;平均变异萃取量 AVE 为 0.689,超过 0.5 的标准。

表 5-4 小样本中介变量的信度、效度分析

变量	构面	删除前的标准化因子载荷	删除后的标准化因子载荷	删除前组成信度	删除前(AVE)	删除后组成信度	删除后(AVE)
信任	TR1	0.700	0.68	0.860	0.477	0.867	0.579
	TR2	0.530	—				
	TR3	0.720	0.72				
	TR4	0.650	0.66				
	TR5	0.850	0.85				
	TR6	0.830	0.84				
	TR7	0.460	—				
承诺	PR1	0.93	0.86	0.934	0.740	0.909	0.716
	PR2	0.97	—				
	PR3	0.9	0.94				
	PR4	0.79	0.85				
	PR5	0.68	0.72				
满意	SAT1	0.9		0.917	0.689	题项的因子载荷全部大于 0.5 以上,符合条件	
	SAT2	0.79					
	SAT3	0.82					
	SAT4	0.69					
	SAT5	0.93					

注:组成信度 0.7 是可接受的门坎(Hair,1997)、Fornell 和 Larcker(1981)建议 AVE 其标准值须大于 0.5。

表 5-5 小样本结果变量的 CR & AVE

变量	构面	标准化因子载荷	标准化系数平方(SMC)	标准化残差(1-SMC)	组成信度 CR	平均变异萃取量
合作	COO1	0.85	0.723	0.278	0.938	0.837
	COO2	0.94	0.884	0.116		
	COO3	0.95	0.903	0.098		

注:组成信度 0.7 是可接受的门坎(Hair,1997)、Fornell 和 Larcker(1981)建议 AVE 其标准值须大于 0.5。

结果变量只有渠道合作这个构面，共有三个题项，全部因子载荷为 0.85～0.95，符合标准；组成信度 CR 为 0.938，超过 0.7 的标准；平均变异萃取量 AVE 为 0.837，超过 0.5 的标准。

通过小样本的预调研，本书对调查问卷进行了修改，删掉了不合理的题项，问题由 33 个题项变为 31 个题目。

5.2 正式调研样本选取

5.2.1 问卷发放与数据收集

5.2.1.1 调查对象

研究一个单一的渠道系统，把焦点放在一个公司或者一个行业上是多数渠道研究的惯例。本书选取合作社与其下游渠道成员（经销商）为研究对象，在内蒙古全区境内，采取实地调研的方式获得数据。样本主要来自内蒙古地区的农区、牧区、半农半牧区。这些合作社多数成立时间在五年以上，规模和实力较强，农产品生产、销售经验丰富，数据结果比较具有代表性。调查对象为合作社社长和高层管理人员，对双方的交易业务比较熟悉，能准确回答本书所提出的问题。

5.2.1.2 数据收集方法

本书调查问卷收集起止时间为 2014 年 10 月至 2014 年 12 月，历时三个月。问卷的发放主要通过以下几种途径：第一，通过实地调研。笔者带领研究团队深入到合作社比较有代表性的呼和浩特（农区）、内蒙古达茂旗（牧区）、土默特左旗（半农办牧地区）、五原县（农区）四个地区发放问卷 270 份，回收 190 份，其中有效问卷 160 份，有效问卷率为 59.3%。第二，通过合作社会议。在内蒙古自治区的通辽地区和巴盟地区的合作社会议，通过现场发放和指导填写的方式，发放 200 份问卷，回收 180 份问卷，其中 100 份有效问卷，问卷有效率为 50%。第三，自行通过联系电话和电子邮件联系合作社社长和管理人员，发放 60 份问卷，回收 40 份，其中有效问卷 30 份，有效问卷率为 50%。通过以上三种方式共发放 520 份问卷，回收 410 份，其中 290 份为有效问卷，问卷有效率为 56.8%。

表5-6 问卷发放和回收情况

发放方式	发放数量（份）	回收数量（份）	回收率（%）	有效问卷（份）	有效率（%）
实地调研	270	190	70.3	160	59.3
合作社会议	200	180	90	100	50.0
自行发放	50	40	80	30	60
合计	520	410	78.8	290	55.8

资料来源：笔者统计。

表5-7 被调查合作社与问卷填写者基本特征

特征		频数	百分比
所属合作社类型	蔬菜	62	21.4
	畜产品	50	17.2
	粮食	36	12.4
	农产品加工	38	13.1
	其他	104	35.9
规模	100万元及以下	161	55.5
	100万~500万元	76	26.2
	500万元及以上	53	18.3
合作社成立时间	1年	11	3.7
	1~3年	57	19.6
	3~5年	83	28.6
	5年及以上	151	52.1
合作社与经销商合作时间	1年及以下	21	7.2
	1~2年	39	13.4
	2~3年	45	63.8
	3年及以上	185	15.5
年龄	30岁及以下	12	4.1
	30~40岁	169	58.3
	40岁及以上	109	37.6
性别	男	236	81.4
	女	54	18.6

资料来源：笔者整理。

5.2.2 样本描述

本书首先对各变量的均值和标准差进行了统计分析,通过分析对变量的收敛性有了一个总体了解。具体结果如表5-8所示。

表5-8 问卷各项目的描述性统计结果

变量	样本量	最小值	最大值	均值	标准差
Tr1	290	1.00	7.00	4.8448	1.18236
Tr3	290	1.00	7.00	4.6690	1.19141
Tr4	290	1.00	7.00	5.5828	1.22335
Tr5	290	1.00	7.00	4.8931	1.28295
Tr6	290	1.00	7.00	5.0862	1.20960
AS1	290	1.00	7.00	5.1966	1.03869
AS2	290	1.00	7.00	5.0828	1.06536
AS3	290	1.00	7.00	5.0897	0.97311
AS4	290	1.00	7.00	5.1655	1.00182
SV1	290	1.00	7.00	4.8931	1.17306
SV2	290	1.00	7.00	5.0345	1.03512
SV3	290	1.00	7.00	5.1931	1.04100
SV4	290	1.00	7.00	5.3724	1.08749
COM1	290	2.00	7.00	4.6000	1.02495
COM2	290	1.00	7.00	5.0069	1.05224
COM3	290	1.00	7.00	4.5655	1.10872
COM4	290	1.00	7.00	4.8517	1.12632
COM5	290	1.00	7.00	5.0000	1.19109
SAT1	290	1.00	7.00	4.4793	1.31846
SAT2	290	1.00	7.00	4.4586	1.41666
SAT3	290	1.00	7.00	4.3828	1.31074
SAT4	290	1.00	7.00	4.0931	1.33425
SAT5	290	1.00	7.00	4.0724	1.41846
COO1	290	1.00	7.00	4.9069	1.13224
COO2	290	1.00	7.00	5.0276	1.10954
COO3	290	1.00	7.00	4.9897	1.13907
PR1	290	1.00	7.00	5.5690	1.18981
PR3	290	1.00	7.00	5.1966	1.18204
PR4	290	1.00	7.00	5.0138	1.21117
PR5	290	1.00	7.00	4.7552	1.18178
Valid N (listwise)	290				

5.3 验证式因子分析

本书在探索式因子分析的基础上,利用 AMOS 软件,对农产品流通渠道中合作社与经销商关系模型进行实证检验,检验的流程如下:

首先,是进行验证式因子分析,在验证式因子分析的基础上,进行 SEM 的二阶段准则的检验,考察变量是否存在多重共线性。其次,进行变量的多元正态检验,考察变量是否是单变量正态或者多变量正态;如果变量违反了多元正态分析,我们需要用 bootstrap ML 法来加以修正;同时,我们还需要用共同方法变异检定来检测构面是否具有一致性。再次,在各种统计检验之后,我们需要进行模型的信度、效度分析,给出模型的配偶适度报告。最后,通过模型的拟合检验,判定模型的假设,并进行后续的中介效果检验。具体流程如图 5-1 所示。

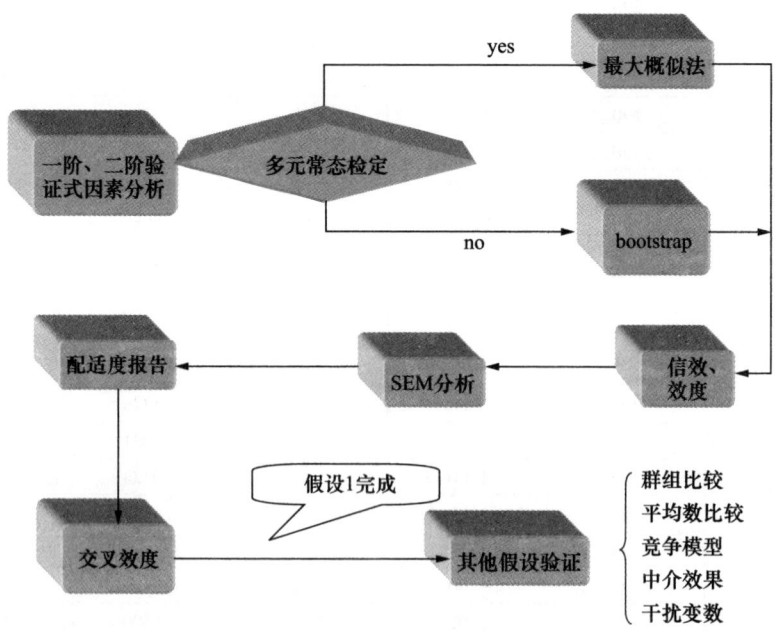

图 5-1 结构方程检验流程

应用 SEM 作为理论模型的验证时,模型配适度是 SEM 分析的必要条件,配适度越好即代表模型与样本越接近。本书参考前人的研究成果,挑选了几个指标进行整体模式的配适度的评鉴,说明见表 5 – 9。

表 5 – 9 配适度指标说明

配适度指标	说明	理想标准
χ^2	卡方值是由最小差异函数转换而来的统计量,$\chi^2=(n-1)\text{Fmin}$,n 为样本数	越小越好
χ^2 与自由度的比值	为了解决卡方值受到样本数大小的影响,Joreskog 和 Sobom(1992)建议采用 χ^2 与自由度的比值作为整体适合度检验的指标	<3
配适度指标（GFI）	模式所能解释的变异与共变异的量,用来衡量预测值实际样本资料相比较的误差值平方,介于 0~1,越接近 1 表示预测模型与样本数据越能配合	>0.9
调整后适度指标（AGFI）	AGFI 主要是把 GFI 根据自由度调整,介于 0~1,越接近 1 表示模型适配度良好。一般建议理想值为 0.9 以上。	>0.9
平均近似误差均方根（RMSEA）	假如 RMSEA 小于等于 0.5,表示有好的模型配适（Schumacker and Lomax,2004）。如果介于 0.5~0.8,则称模型有不错的配适度	<0.08
非基准配适指标（NNFI）	又称为 TLI（Tucker – Lewis Idex）,类似于 NFI,但 NNFI 将模式的复杂度加以考虑进来。Marsh 等（1996）发现 NNFI 几乎不受样本数的影响	>0.9
渐增式配适指标（IFI）	大于 0.9 为模型可接受,通常不受样本数的影响	>0.9
比较配适度指标（CFI）	CFI 可反映出假设模型与无任何共变关系的独立模型的差异程度,同时也考虑到被检验模型中央卡方分配的离散性。CFI 指数越接近 1 代表模型契合度越理想,表示能够有效改善中央性的程度	>0.9
标准化残差均方根值（SRMR）	SRMR 是模型中预测矩阵与样本矩阵差异的平均值,依据标准化残差值计算。标准化残差值是配适残差/残差标准误,SRMR 越小,表明模型配适度越好	<0.05
赤池信息指针（AIC）	AIC 属信息理论配适度指针模型卡方值,根据模型复杂度加以修正	越小越好
贝氏信息指针（BIC）	BIC 针对模型复杂度及大的样本数加以调整,BIC 对于额外参数的调整比 AIC 更严格,因此,BIC 比 AIC 更为保守,更容易犯Ⅱ型二错误	越小越好
期望交叉效度指标（ECVI）,	ECVI 一般也是用来作非巢状模型比较用,同 AIC 一样,反映了模型期望矩阵与样本矩阵的差异,ECVI 越低,表明模型越好	越小越好

资料来源:笔者整理。

5.3.1 关系行为的验证式因子分析

前置变量即渠道关系行为,包括资产专用性、沟通和共享价值三个维度。本书对前置变量的验证式分析如表5-10所示。

表5-10 渠道关系行为的 CR & AVE

变量	构面	标准化因子载荷	标准化系数平方(SMC)	标准化残差	组成信度CR	平均变异萃取量
资产专用性	AS1	0.800	0.640	0.360	0.844	0.576
	AS2	0.810	0.656	0.344		
	AS3	0.700	0.490	0.510		
	AS4	0.720	0.518	0.482		
沟通	COM1	0.72	0.518	0.482	0.843	0.518
	COM2	0.67	0.449	0.551		
	COM3	0.81	0.656	0.344		
	COM4	0.73	0.533	0.467		
	COM5	0.66	0.436	0.564		
共享价值	SV1	0.720	0.518	0.482	0.823	0.538
	SV2	0.790	0.624	0.376		
	SV3	0.730	0.533	0.467		
	SV4	0.690	0.476	0.524		

注:组成信度0.7是可接受的门坎(Hair,1997)、Fornell和Larcker(1981)建议值为0.6以上,Fornell and Larcker(1981)建议AVE其标准值须大于0.5。

从表5-10中可以看出,在前置变量中,资产专用性共有四个题项,进行CFA后,全部因子载荷在0.70~0.81,组成信度CR为0.844,超过0.7的标准;平均变异萃取量AVE为0.576,超过0.5的标准。沟通共有五个题项,全部因子载荷在0.66~0.81,符合标准;组成信度CR为0.843,超过0.7的标准;平均变异萃取量AVE为0.518,超过0.5的标准。共享价值共有四个题项,全部因子载荷在0.69~0.79,组成信度CR为0.823,超过0.7的标准;平均变异萃取量AVE为0.538,超过0.5的标准。以上变量,残差全部为正,没有违法估计,符合条件。

第5章 农产品流通渠道中合作社与经销商关系实证研究

表5-11 模型的拟合指标

配适度指标	指标值	理想标准
χ^2	151.489（P=0.000）	越小越好
χ^2/df	2.443	<3
GFI	0.922	>0.9
AGFI	0.886	>0.9
TLI	0.936	>0.9
IFI	0.949	>0.9
CFI	0.949	>0.9
RMSEA	0.071	<0.08

根据运行结果可以看出，渠道关系行为的测量模型除了 AGFI 不到 0.9 以上的标准，但仍然符合 Baumgartner、Homburg 及 Doll、Xia、Torkzadeh 建议的 0.8 以上的水平，RMSEA 小于 0.08，表示模型基本上符合配适度标准。

5.3.2 关系质量的验证式因子分析

中介变量包括满意、承诺、信任三个维度，即渠道关系质量，本书对中介变量的验证式分析见表 5-12。

表5-12 渠道关系质量的 CR & AVE

变量	构面	标准化因子载荷	标准化系数平方（SMC）	标准化残差	组成信度 CR	平均变异萃取量
信任	TR1	0.62	0.384	0.616	0.808	0.458
	TR3	0.68	0.462	0.538		
	TR4	0.68	0.462	0.538		
	TR5	0.74	0.548	0.452		
	TR6	0.66	0.436	0.564		
承诺	PR 1	0.740	0.548	0.452	0.855	0.601
	PR 3	0.870	0.757	0.243		
	PR 4	0.860	0.740	0.260		
	PR 5	0.600	0.360	0.640		
满意	SAT1	0.750	0.563	0.438	0.849	0.587
	SAT3	0.770	0.593	0.407		
	SAT4	0.870	0.757	0.243		
	SAT5	0.660	0.436	0.564		

注：组成信度 0.7 是可接受的门坎（Hair,1997）、Fornell 和 Larcker（1981）建议 AVE 其标准值须大于 0.5。

通过表 5-12 可以看出，在中介变量中，信任共有五个题项，进行 CFA 后，全部因子载荷在 0.62~0.74，组成信度为 0.808，大于 0.7 的标准；平均变异萃取量 AVE 为 0.458，近似于 0.5，满足条件。承诺构面共有四个题项，全部因子载荷在 0.6~0.87，信度为 0.855，高于 0.7 的标准；平均变异萃取量 AVE 为 0.601，高于 0.5，符合标准。满意共有四个题项，全部因子载荷在 0.66~0.75，组成信度 CR 为 0.849，超过 0.7 的标准；平均变异萃取量 AVE 为 0.587，超过 0.5 的标准，符合条件。

表 5-13 模型的拟合指标

配适度指标	指标值	理想标准
χ^2	71.343（P=0.000）	越小越好
χ^2/df	1.399	<3
GFI	0.960	>0.9
AGFI	0.940	>0.9
TLI	0.983	>0.9
IFI	0.987	>0.9
CFI	0.987	>0.9
RMSEA	0.037	<0.08

根据运行结果可以看出，关系质量的测量模型 GFI、AGFI、TLI、IFI、CFI 都符合 0.9 以上的标准，RMSEA 小于 0.08，表示模型基本上符合配适度标准。

5.3.3 渠道合作的验证式因子分析

结果变量只有渠道合作这个构面，本书对结果变量的验证式分析见表 5-14。

表 5-14 渠道合作的 CR & AVE

变量	构面	标准化因子载荷	标准化系数平方（SMC）	标准化残差（1-SMC）	组成信度 CR	平均变异萃取量
合作	CO01	0.75	0.563	0.438	0.894	0.740
	CO02	0.94	0.884	0.116		
	CO03	0.88	0.774	0.226		

注：组成信度 0.7 是可接受的门坎（Hair，1997）、Fornell 和 Larcker（1981）建议 AVE 其标准值须大于 0.5。

结果变量只有渠道合作这个构面,共有三个题项,全部因子载荷在 0.75 ~ 0.94,符合标准;组成信度 CR 为 0.894,超过 0.7 的标准;平均变异萃取量 AVE 为 0.740,超过 0.5 的标准。

5.4 模型的统计检验

5.4.1 SEM 二阶段准则

Bollen 提出 SEM 分析的二阶段准则:第一步是将模型变成验证性因素分析,也就是将所有外生潜变量及内生潜变量变成外生潜在变量,研究潜变量之间的变异数及共变异数,并忽略潜在构面之间的因果关系。第二步是检验潜在变量的原始模型。通常第一步骤通过,则表示模式在结构模型下有可能正定,并且从其相关程度大小也可预知模型评估的状态,如果结构模型无法正定时,第一步骤也可提供足够的信息判定原因。从估计的标准化系数来看,所有潜在变量之间的两两相关全部都在 0.20 ~ 0.83,大部分都是中度相关,表示系数之间没有多重共线性存在。如果有相关过高时(大于 0.85),表示共线性存在,可能得到系数方向相反的结果,进而导致错误的推论。若大部分相关都太低,可能造成模型没有解释能力及路径不显著的结果。

表 5 – 15 Bollen 检定标准化相关系数

构面名称	相关	构面名称	皮尔森相关系数
资产专用性	↔	信任	0.659
共享价值	↔	信任	0.630
沟通	↔	信任	0.563
承诺	↔	信任	0.483
SAT	↔	信任	0.371
信任	↔	合作	0.562
资产专用性	↔	共享价值	0.826
资产专用性	↔	沟通	0.639
资产专用性	↔	承诺	0.467
资产专用性	↔	SAT	0.374
资产专用性	↔	合作	0.499

续表

构面名称	相关	构面名称	皮尔森相关系数
共享价值	↔	沟通	0.619
共享价值	↔	承诺	0.409
共享价值	↔	SAT	0.408
共享价值	↔	合作	0.494
沟通	↔	承诺	0.351
沟通	↔	SAT	0.388
沟通	↔	合作	0.476
SAT	↔	合作	0.385
承诺	↔	合作	0.528
承诺	↔	SAT	0.197

Bollen 二阶段检定，得到结果为卡方值 550.990，自由度 329，卡方/自由度为 1.675<3，GFI 及 AFGI 为 0.0.878 及 0.850，RMSEA 为 0.048，符合配适标准。

5.4.2 变量多元常态检验

SEM 用的是最大概似估计法（MLE），前提必须是资料符合多元常态假设，否则会造成卡方估计值膨胀，使模型配适度变差。变量常态检定的统计标准通常采用 Nancy Leech、Barrett、Morgan 提出检验峰度的 Critical Ratio（偏态/偏态标准误）是否大于 2.58，即 p 值是否小于 0.01，如果 c.r. 值大于 2.58 即为数据有偏，但此检定容易受到样本数影响，因此 SPSS 及 Kline 提出经验法则，判断变量是否符合单变量常态分布的标准，假如偏度的临值界在 2 以内，峰度在 8 以内，则称变量符合单变量常态。

通常偏态及峰度是检查是否单变量常态的重点，多元常态则是看 Multivariate 的 c.r.≤5。从以上的常态检定表上可以发现，本书所有变量的偏度（skew）都没有超过绝对值 1，峰度（kurtosis）也没有超过 7。因此，根据 Kline 的标准，观察变量全部符合单变数常态分布。多元常态检定值 Critical Ratio 为 45.792 大于 Kline 所建议的标准（c.r.<5 以内），因此资料并不符合多元常态分布。

根据 Hallow 建议的标准，如果（−1.25<偏度<2.0）和（−1.0<峰度<8.0），观察变量符合单变量测量常态分布，如果（−4.9<多元常态检定值<49.1），参数估计符合多元正态分布。本书多元常态检定值<49.1 也符合多元正态坚定的标准。对于本书的资料只符合单变量常态，未能符合多元常态，可能造成标准误的低估以及卡方的膨胀。因此，本书继续采取 ML 法以及 bootstrap 法并行加以修正方卡方值。

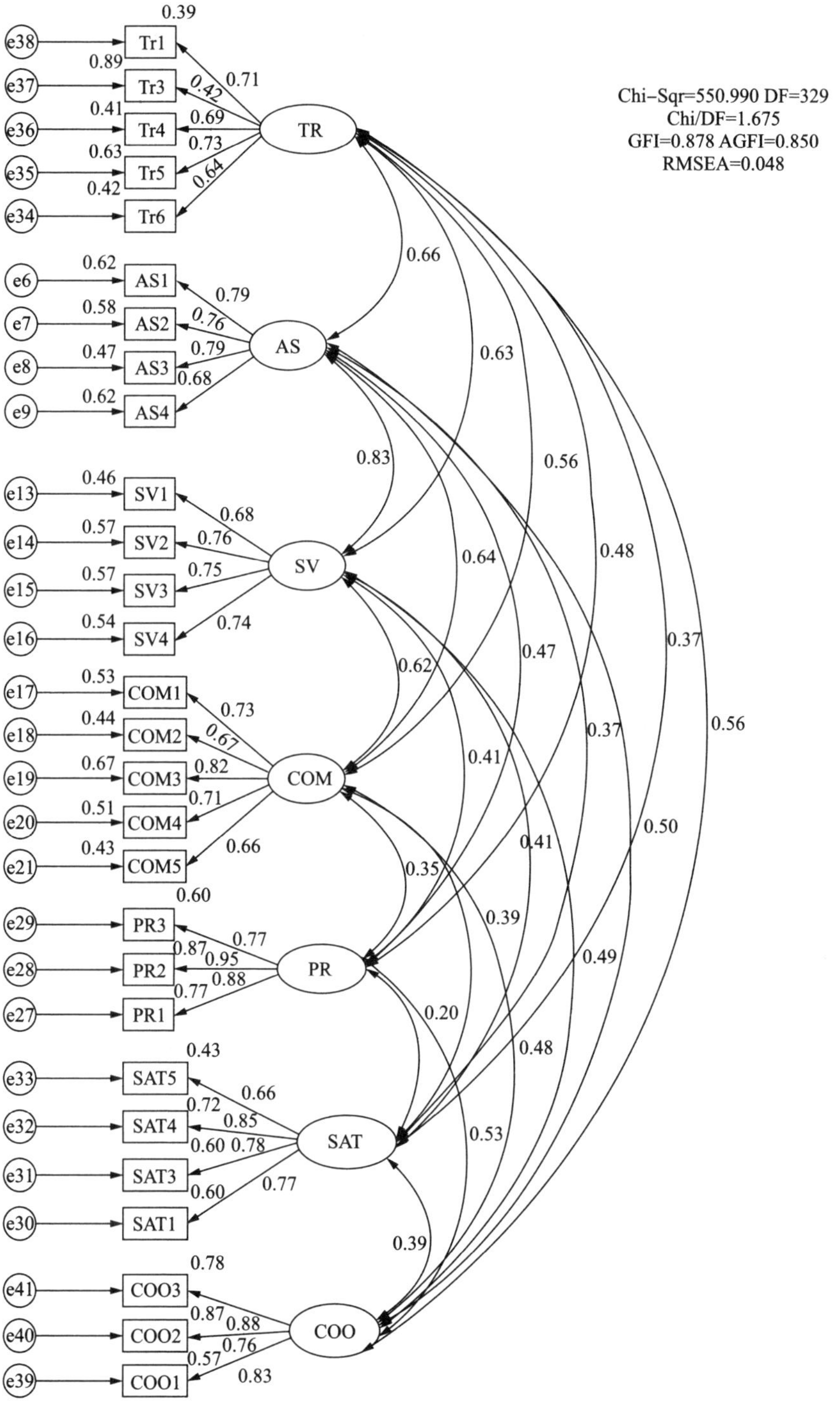

图 5-2　Bollen 二阶段准则

表5-16 变量常态检定及多元常态检定

变量	最小值	最大值	偏度	c.r.	峰度	c.r.
COO3	1.000	7.000	-0.191	-1.327	0.414	1.440
COO2	1.000	7.000	-0.374	-2.601	0.681	2.367
COO1	1.000	7.000	-0.376	-2.611	0.996	3.461
Tr1	1.000	7.000	-0.591	-4.109	0.236	0.821
Tr3	1.000	7.000	-0.570	-3.963	0.585	2.035
Tr4	1.000	7.000	-0.959	-6.667	1.119	3.890
Tr5	1.000	7.000	-0.371	-2.580	0.278	0.966
Tr6	1.000	7.000	-0.271	-1.886	0.169	0.588
SAT5	1.000	7.000	-0.215	-1.498	-0.413	-1.436
SAT4	1.000	7.000	0.022	0.153	-0.392	-1.362
SAT3	1.000	7.000	-0.159	-1.106	-0.047	-0.162
SAT1	1.000	7.000	-0.223	-1.549	-0.132	-0.460
PR3	1.000	7.000	-0.208	-1.449	-0.199	-0.691
PR2	1.000	7.000	-0.537	-3.732	0.436	1.516
PR1	1.000	7.000	-0.812	-5.648	1.200	4.173
COM5	1.000	7.000	-0.295	-2.054	-0.222	-0.773
COM4	1.000	7.000	-0.434	-3.018	0.423	1.469
COM3	1.000	7.000	-0.349	-2.425	0.058	0.202
COM2	1.000	7.000	-0.371	-2.578	0.363	1.261
COM1	2.000	7.000	-0.145	-1.010	-0.121	-0.422
SV4	1.000	7.000	-0.795	-5.524	1.387	4.822
SV3	1.000	7.000	-0.392	-2.724	0.524	1.823
SV2	1.000	7.000	-0.406	-2.826	0.598	2.080
SV1	1.000	7.000	-0.436	-3.032	0.210	0.732
AS4	1.000	7.000	-0.418	-2.908	0.786	2.733
AS3	1.000	7.000	-0.293	-2.035	0.402	1.399
AS2	1.000	7.000	-0.389	-2.702	0.465	1.615
AS1	1.000	7.000	-0.325	-2.259	0.356	1.236
Multivariate					220.434	45.792

资料来源：本书统计得到。

5.4.3 违反多元常态的 bootstrap 修正

在常态性检定中，发现样本资料本身虽符合单变量常态，但并未符合多元常态的假设，为了解最大概似法是否低估了标准误及高估了卡方值，以 bootstrap 的方式重新估计，如果偏误不是很大，则可认为最大似然法估计仍有相当的准确性。bootstrap 次数至少 1000 次，2000 次可得到较稳定的结果。本书采用 bootstrap ML 法执行 bootstrap 估计法执行 2000 次，来了解偏差的状况。

表 5-17 Bollen-Stine bootstrap 模型配适度指标

Model Fit Index	Criterion	Model Fit of Rasearch Model
Bollen-Stine 卡方值	越小越好	245.221
独立模型的卡方值	越小越好	307.759
DF (Degree of Freedom)	越大越好	196
样本数	越大越好	290
Normed Chi-sqr (c^2/DF)	$1 < c2/DF < 3$	1.570
GFI	>0.9	0.913
AGFI	>0.9	0.887
RMSEA	<0.08	0.044
TLI (NNFI)	>0.9	0.959
CFI	>0.9	0.965
IFI	>0.9	0.965

资料来源：本书统计得到。

从表 5-17 可以看出，Bollen-Stine bootstrap 模型配适度指标，基本符合要求。

本书采用 bootstrap ML 法执行 bootstrap 2000 次，来了解偏差的状况。MLE 与 bootstrap 2000 次相关估计值比较，见表 5-18。SE 表示 bootstrap 估计的标准误，这个值应该要很小；SE-SE 表示最大概似法估计的标准误与 bootstrap 估计的标准误之间的差距，如果很小则表示两种方法估计差异不大；MEAN 表示 bootstrap 估计的参数值；Bias 表示最大概似法估计的参数值减去 bootstrap 估计的参数值，如果很小则表示两种方法估计差异不大。

表5-18 MLE与bootstrap 2000次相关估计值比较

Parameter			SE	SE-SE	Mean	Bias	SE-Bias
信任	←	资产专用性	0.233	0.004	0.350	0.033	0.005
信任	←	共享价值	0.257	0.004	0.197	-0.025	0.006
满意	←	共享价值	0.154	0.002	0.368	0.009	0.003
满意	←	沟通	0.179	0.003	0.308	0.000	0.004
信任	←	沟通	0.123	0.002	0.227	-0.005	0.003
承诺	←	资产专用性	0.301	0.005	0.392	0.045	0.007
承诺	←	信任	0.190	0.003	0.396	-0.025	0.004
承诺	←	满意	0.081	0.001	-0.013	-0.001	0.002
承诺	←	共享价值	0.293	0.005	-0.024	-0.014	0.007
合作	←	承诺	0.074	0.001	0.260	-0.002	0.002
合作	←	满意	0.064	0.001	0.171	0.001	0.001
合作	←	信任	0.123	0.002	0.396	0.008	0.003
AS1	←	资产专用性	0.000	0.000	1.000	0.000	0.000
AS2	←	资产专用性	0.063	0.001	0.998	0.002	0.001
AS3	←	资产专用性	0.065	0.001	0.813	0.000	0.001
AS4	←	资产专用性	0.072	0.001	0.973	0.007	0.002
SV1	←	共享价值	0.000	0.000	1.000	0.000	0.000
SV2	←	共享价值	0.085	0.001	0.985	0.002	0.002
SV3	←	共享价值	0.088	0.001	0.986	0.003	0.002
SV4	←	共享价值	0.109	0.002	1.007	0.002	0.002
COM1	←	沟通	0.000	0.000	1.000	0.000	0.000
COM2	←	沟通	0.099	0.002	0.943	0.002	0.002
COM3	←	沟通	0.123	0.002	1.222	0.004	0.003
COM4	←	沟通	0.122	0.002	1.078	0.002	0.003
COM5	←	沟通	0.126	0.002	1.057	0.007	0.003
PR1	←	承诺	0.000	0.000	1.000	0.000	0.000
PR2	←	承诺	0.054	0.001	1.056	0.003	0.001
PR3	←	承诺	0.075	0.001	0.883	0.004	0.002
SAT1	←	满意	0.000	0.000	1.000	0.000	0.000
SAT3	←	满意	0.083	0.001	0.986	0.001	0.002
SAT4	←	满意	0.087	0.001	1.104	0.002	0.002

续表

Parameter			SE	SE-SE	Mean	Bias	SE-Bias
SAT5	←	满意	0.091	0.001	0.911	0.004	0.002
Tr6	←	信任	0.000	0.000	10.000	0.000	0.000
Tr5	←	信任	0.110	0.002	10.202	0.006	0.002
Tr4	←	信任	0.120	0.002	10.096	0.005	0.003
Tr3	←	信任	0.132	0.002	10.097	0.007	0.003
Tr1	←	信任	0.117	0.002	0.950	0.005	0.003
COO1	←	合作	0.000	0.000	10.000	0.000	0.000
COO2	←	合作	0.094	0.001	10.215	0.004	0.002
COO3	←	合作	0.076	0.001	10.180	0.003	0.002

资料来源：本书统计得到。

从表5-18可以看出，最大概似法估计的标准误与bootstrap估计的标准误之间的差距很小，表示两种方法估计差异不大。标准误是接近的且bias很小，那么使用最大概似法估计的结果就会具有一定的可靠性，即使数据偏离了多元常态或是由于小样本可能造成参数计算的偏误。

表5-19 变量违犯估计检定

			Estimate	S.E.	C.R.	P
TR	←	AS	0.317	0.131	20.416	0.016
TR	←	SV	0.222	0.132	10.677	0.093
SAT	←	SV	0.359	0.118	3.035	0.002
SAT	←	COM	0.308	0.124	2.489	0.013
TR	←	COM	0.232	0.087	2.665	0.008
PR	←	AS	0.346	0.184	1.886	0.059
PR	←	TR	0.421	0.130	3.232	0.001
PR	←	SAT	-0.012	0.067	-0.182	0.856
PR	←	SV	-0.011	0.187	-0.057	0.954
COO	←	PR	0.261	0.051	5.089	***
COO	←	SAT	0.170	0.049	3.476	***
COO	←	TR	0.389	0.083	4.671	***
AS1	←	AS	1.000			

续表

			Estimate	S. E.	C. R.	P
AS2	←	AS	0.996	0.073	13.634	***
AS3	←	AS	0.813	0.069	11.741	***
AS4	←	AS	0.966	0.072	13.450	***
SV1	←	SV	1.000			
SV2	←	SV	0.982	0.087	11.346	***
SV3	←	SV	0.983	0.089	10.984	***
SV4	←	SV	1.005	0.094	10.643	***
COM1	←	COM	1.000			
COM2	←	COM	0.941	0.088	10.657	***
COM3	←	COM	1.218	0.096	12.625	***
COM4	←	COM	1.076	0.097	11.097	***
COM5	←	COM	1.050	0.102	10.276	***
PR1	←	PR	1.000			
PR2	←	PR	1.053	0.047	22.510	***
PR3	←	PR	0.878	0.053	16.472	***
SAT1	←	SAT	1.000			
SAT3	←	SAT	0.985	0.076	12.878	***
SAT4	←	SAT	1.101	0.081	13.617	***
SAT5	←	SAT	0.906	0.084	10.854	***
Tr6	←	TR	1.000			
Tr5	←	TR	1.195	0.119	10.059	***
Tr4	←	TR	1.091	0.116	9.426	***
Tr3	←	TR	1.090	0.115	9.505	***
Tr1	←	TR	0.945	0.107	8.835	***
COO1	←	COO	1.000			
COO2	←	COO	1.211	0.074	16.331	***
COO3	←	COO	1.178	0.075	15.651	***

注：*** 表示 p 值小于 0.001 以下。

5.4.4 共同方法变异检定

根据各构面相关检定，各构面之间的相关系数在 0.20~0.80，且模型配适度良好，可见模型期望矩阵与样本共变异数矩阵配适不差，因此本模型可能不存在共同方法变异。

本书在问卷发放调查设计之初，即考虑到如何降低共同方法变异的问题，在执行完 CFA 后，利用哈门氏单因子法（Harman's one single factor），检验构面是否有共同方法变异的问题。

哈门氏单因子检定法是目前最广泛适用于检查问卷是否有共同方法变异的统计技术。传统上的做法是研究人员将所有分析构面的题目全部放进探索式因素分析中，检验变数之间存在共同方法变异。将所有构面的变数选入因素分析中，并选定输出为一个因素，只要该因素的解释能力未超过 50%，即可认定无严重的 CMV 存在。

表 5-20　因素分析总变异量累积　　　　单位:%

成分	初始特征值			提取平方和载入			旋转平方和载入		
	合计	方差	累积	合计	方差	累积	合计	方差	累积
1	7.479	33.995	33.995	7.479	33.995	33.995	2.876	13.072	13.072
2	2.269	10.313	44.307	2.269	10.313	44.307	2.822	12.828	25.900
3	1.976	8.983	53.290	1.976	8.983	53.290	2.777	12.624	38.524
4	1.433	6.514	59.804	1.433	6.514	59.804	2.528	11.492	50.015
5	1.201	5.459	65.263	1.201	5.459	65.263	2.373	10.787	60.803
6	1.102	5.010	70.273						
7	0.788	3.580	73.853						
8	0.660	2.998	76.851						
9	0.572	2.601	79.452						
10	0.538	2.444	81.896						
11	0.514	2.338	84.234						
12	0.459	2.085	86.319						
13	0.441	2.005	88.324						
14	0.419	1.904	90.228						
15	0.391	1.777	92.005						
16	0.368	1.674	93.679						
17	0.299	1.360	95.039						
18	0.296	1.344	96.382						
19	0.267	1.215	97.598						
20	0.244	1.108	98.706						
21	0.153	0.694	99.400						
22	0.132	0.600	100.00						

提取方法：主成分分析。

通过主成分分析法，旋转收敛于6次迭代。转轴后的解，每个构面的题目均能达到结构方程模型要求的单一构面原则，不与其他的构面题目产生相关的现象。

表5-21 因子分析旋转后的成分矩阵[a]

	成分					
	1	2	3	4	5	6
Tr1	0.523					
Tr3	0.632					
Tr4	0.574					
Tr5	0.606					
Tr6	0.534					
SV1		0.579				
SV2		0.642				
SV3		0.648				
SV4		0.658				
COM1			0.602			
COM2			0.564			
COM3			0.665			
COM4			0.546			
COM5			0.535			
AS1				0.693		
AS2				0.666		
AS3				0.589		
AS4				0.728		
PR1					0.525	
PR2					0.584	
PR3					0.591	
COO1						0.615
COO2						0.667
COO3						0.649

提取方法：主成分分析。旋转方法：具有Kaiser标准化的正交旋转法。

a 转轴收敛于6个迭代。

通常如果构面有共同方法变异的问题则会出现两种情况：第一，在因素分析中将会得到一个因素；第二，一个因素将会解释大部分的可解释变异。从表5-20可以看出，因素分析结果总共得到六个构面，总解释能力达到70.273%，并没有发生第一种情形，得到一个因素。六个因素的变异数也从最大的13.072%到最小的9.470%，平均每构面的解释平均能力为11.71%，六个因素的解释变异相当平均，也没有发生第二点所提的：大部分的解释变异集中于其中的一个因素，因此可以很清楚地看出，本次问卷并无发生共同方法变异。

5.5 基于结构方程的实证研究

5.5.1 构建信度与效度

构面（因素）效度的检定在所有的构面中是具有广泛意义的，构面是潜在（非观察）的变量，由于潜在变量无法直接测量，因此需要通过理论的研究，利用观察变量加以间接测量，并根据理论决定构面与构面之间的相关。

5.5.1.1 内容效度

内容效度是指欲探讨构面的程度能否被研究的构面衡量项目所衡量，即为研究主题的涵盖程度。涵盖程度越高，则内容效度的要求越容易被满足。本书的构面的衡量以问卷的方式进行，本书的问卷修改自该理论提出者所创造的问卷，既具有理论基础，又具有实证经验，并请资深人员在问卷发放调查前填答，根据其建议修订后形成正式问卷，故本书的内容效度是合理的。

5.5.1.2 收敛效度

收敛效度是利用同一构面中变量之间相关程度的大小加以评估，又称为内部一致性效度，主要是确保一个构面的变量之间至少有中度的相关。Cronbach's alpha是最常用的来建立内部一致性的方法，在探索性因子分析中，0.6被视为可接受；在验证性因子分析中，0.7被视为可接受；0.8被认为是比较好的。在SEM分析中，一般用组成信度（Composite Reliability，CR）来评价。通常一个构面具有收敛效度的标准为以下四个：第一，因素负荷量（measurement weight）要大于或等于0.7；第二，多元相关系数平方（SMC）要大于或等于0.5；第三，组成信度要大于或等于0.7；第四，平均变异数萃取量（AVE）要大于0.5。

组成信度（CR）：是构念指针的内部一致性的体现，包含所有测量变项信度，即信度越高代表这些指针的内部一致性越高。CR值可接受的门槛是0.7，建议值为 0.6 以上。

计算公式：

构念的组成信度 = ($\sum$ 标准化因素负荷量)^2/[($\sum$ 标准化因素负荷量)^2 + ($\sum$ 各测量变项的测量误差)]

平均变异数萃取量（Average of Variance Extracted，AVE）：是潜在变项的各测量变数对该潜在变项的变异解释力的计算，其建议标准值须大于 0.5。若潜在变项信度与收敛效度越高，则 AVE 越高。

计算公式：

AVE = $\sum$（因素负荷量^2）/[($\sum$ 因素负荷量)^2 + ($\sum$ 各测量变项的测量误差)]

本书中的信度及效度如下：

SEM 所有的构念经 CFA 分析完毕后，汇整出一张整体报表，罗列所有的构面以利于观察，表中包括模型参数估计值（非标准化系数、标准误、t 值、p 值）、收敛效度（标准化系数、多元相关平方、组成信度、平均变异数萃取量）。

表 5-22 验证式因素分析汇整

构面	指标	模型参数估计值				收敛效度			
		非标准化系数	标准误 SE	t 值	p 值	标准化系数	SMC	组成信度 CR	AVE
资产专用性	AS1	1.000				0.804	0.640	0.905	0.762
	AS2	1.028	0.076	13.444	***	0.805	0.656		
	AS3	0.816	0.071	11.451	***	0.700	0.490		
	AS4	0.869	0.071	12.245	***	0.724	0.518		
沟通	COM1	1.000				0.720	0.518	0.825	0.543
	COM2	0.949	0.091	10.421	***	0.665	0.449		
	COM3	1.224	0.101	12.114	***	0.815	0.656		
	COM4	1.109	0.102	10.916	***	0.726	0.533		
	COM5	1.059	0.106	9.990	***	0.656	0.436		
共享价值	SV1	1.000				0.754	0.518	0.784	0.548
	SV2	1.013	0.080	12.635	***	0.769	0.624		
	SV3	1.165	0.088	13.260	***	0.869	0.533		
	SV4	0.936	0.088	10.695	***	0.656	0.476		

续表

构面	指标	模型参数估计值				收敛效度			
		非标准化系数	标准误SE	t值	p值	标准化系数	SMC	组成信度CR	AVE
满意	SAT1	1.000				0.754	0.563	0.849	0.587
	SAT3	1.013	0.081	12.569	***	0.769	0.593		
	SAT4	1.165	0.085	13.640	***	0.869	0.757		
	SAT5	0.936	0.088	10.684	***	0.656	0.436		
信任	TR1	1.000				0.624	0.384	0.808	0.458
	TR3	1.104	0.122	9.029	***	0.684	0.462		
	TR4	1.129	0.129	8.723	***	0.681	0.462		
	TR5	1.290	0.141	9.127	***	0.742	0.548		
	TR6	1.086	0.124	8.779	***	0.663	0.436		
承诺	PR1	1.000				0.744	0.548	0.855	0.601
	PR 3	1.168	0.081	14.402	***	0.874	0.757		
	PR 4	1.176	0.085	13.860	***	0.859	0.740		
	PR 5	0.796	0.082	9.664	***	0.596	0.360		
合作	COO1	1.000				0.746	0.563	0.894	0.740
	COO2	1.239	0.080	15.547	***	0.944	0.884		
	COO3	1.181	0.077	15.313	***	0.876	0.774		

资料来源：本书统计得到。

5.5.1.3 区别效度

区别效度分析是验证不同的两个构面相关在统计上是否有差异，在不同构面的题目应该不具有高度相关，如有高度相关（如0.85以上），就表示这些题目是衡量同一件事，通常这会发生在构面的定义如有过度重叠时。采用AVE法，每个构面的AVE要大于构面相关系数的平方。

AVE法：对角线放的是该构面的AVE值，其他对角线外的下三角为标准化相关系数的平方，如果两个构面有区别效度，那么这两个构面的标准化相关系数的平方均应该小于这两个构面的AVE。例如，资产专用性←→信任的标准化相关系数的平方为0.421，均小于资产专用性和信任的AVE分别为0.873及0.678，因此这两个构面具有区别效度。这个方法是比较保守的方法，也是SEM中最常使用的验证方法。

表5-23　AVE区别效度分析

	沟通	共享价值	资产专用性	信任	满意	承诺	合作
沟通	0.737						
共享价值	0.366	0.740					
资产专用性	0.388	0.537	0.873				
信任	0.333	0.396	0.421	0.678			
满意	0.302	0.340	0.312	0.245	0.767		
承诺	0.267	0.342	0.398	0.390	0.195	0.775	
合作	0.250	0.301	0.321	0.376	0.324	0.468	0.860

5.5.2 模型的整体拟合检验

依据 Anderson（1988）所提出的结构方程两阶段检验，首先是对测量模型的检验，其次是对结构模型的检验。本书通过大量样本进行测量模型的验证式因子分析，模型的信度和效度达到要求，拟合效果较好，可以进行结构模型的检验。

本书运用 AMOS 软件对所建整体模型进行检验，了解模型因果关联，并验证之前提出的假设。图5-3给出了渠道关系各要素之间的路径图，即理论模型的验证结果。

5.5.2.1 模型适配度

本书的结构模型适配度如表5-24所示。

表5-24　模型配适度指标

配适度指标	指标值	理想标准
χ^2	307.759（p=0.000）	越小越好
χ^2/df	1.570	<3
χ^2（Bollen-Stine）	245.221（p=0.0956）	越小越好
GFI	0.877	>0.8
AGFI	0.851	>0.9
TLI	0.941	>0.9
IFI	0.948	>0.9
CFI	0.948	>0.9
RMSEA	0.048	<0.08
SRMR	0.050	<0.05
AIC	700.334	越小越好
BIC	716.172	越小越好
HORLTRE（0.01）	207	>200

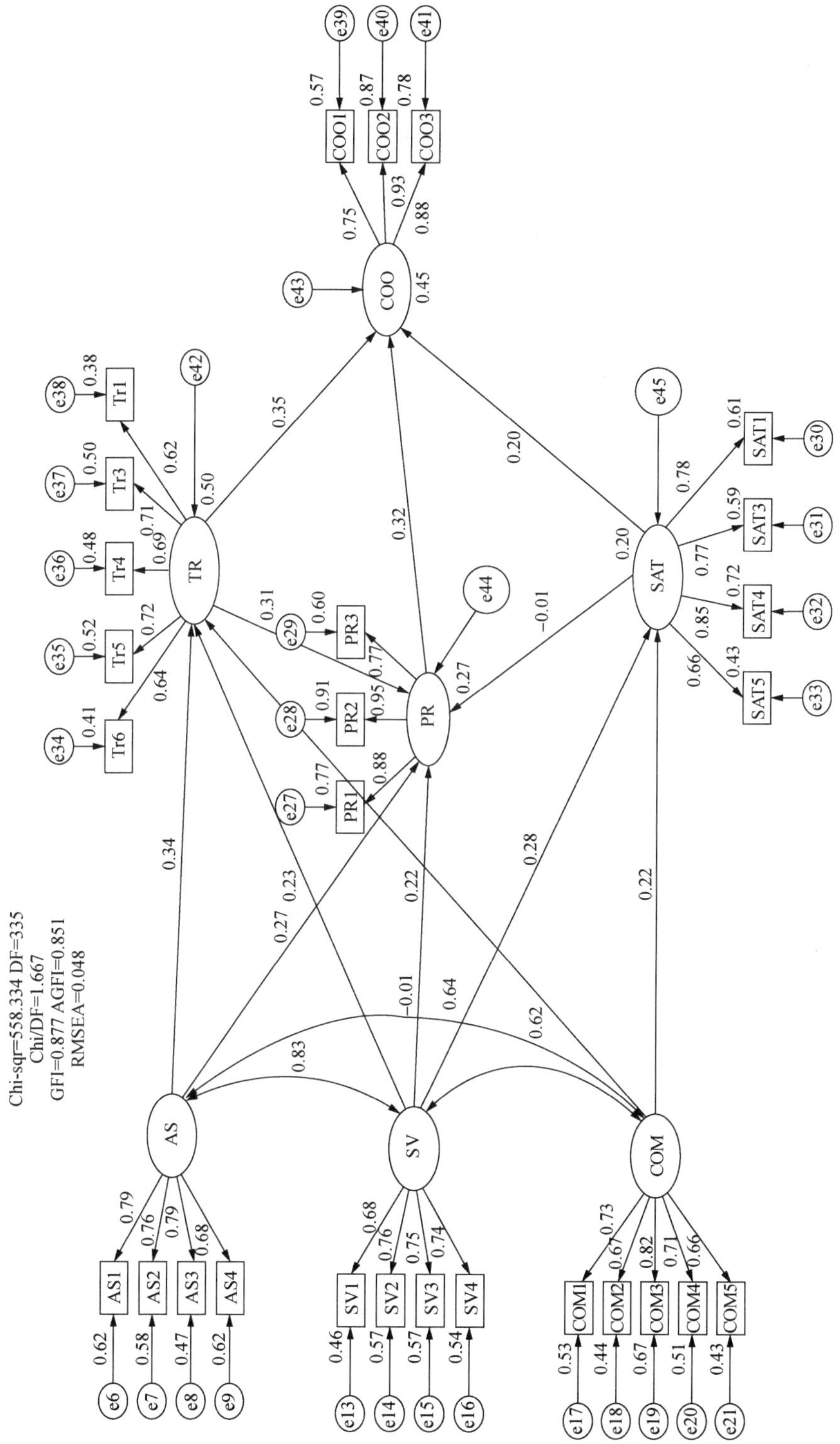

第 5 章　农产品流通渠道中合作社与经销商关系实证研究

图 5-3　理论模型整体拟合结果

结构模型除了 GFI、AGFI 不到 0.9 以上的标准，但仍然符合 Baumgartner、Homburg 及 Doll、Xia、Torkzadeh 建议的 0.8 以上的水平，SRMR 也接近于临界值，RMSEA 小于 0.05，表示模型基本上符合配适度标准。但模型的分析结果得到 p 值为 0.000，是显著的结果，即模型不配适。通常 p 值显著可能是由于样本大所造成的。Bollen and Stine，建议利用 Bollen – Stine p 值修正。Bollen – Stine bootstrap p 值校正法是利用取出放回的重抽样技术，修正模型卡方值，检验模型配适度，调整缺乏多元常态分配的数据。

5.5.2.2 Bollen – Stine bootstrap p 值修正

本书采用 bootstrap ML 法执行 bootstrap 2000 次，来了解偏差的状况。模型在经过 2000 次的 bootstrap 之后，其中 1912 个 bootstrap 样本是较好的，88 个 bootstrap 样本是较差的，下一个出现差的模型的概率是 Bollen – Stine bootstrap p = 0.044。表示最大概似法所估计的 p 值显著是真的由于样本数过大所造成的，而不是模型配适度不好所造成的。

```
                        |--------------------
                131.235 |*
                150.283 |*
                169.331 |**
                188.379 |*******
                207.427 |*************
                226.475 |****************
                245.523 |******************
N = 2000        264.571 |***************
Mean = 245.221  283.620 |**********
S.e. = 0.846    302.668 |*******
                321.716 |***
                340.764 |*
                359.812 |*
                378.860 |*
                397.908 |*
                        |--------------------
```

图 5 – 4 Bollen – Stine Bootstrap 分布

从图 5 – 4 可以看出，数据呈现出正态分布，Mean = 245.221 为执行 2000 次的估计所得卡方值加总平均值。

5.5.3 模型的中介效应检验

5.5.3.1 中介效应的检验

文献中存在多种中介效应检验的程序，本书采用四步的逐步分析法进行分析：第一步，检验总效应系数是否显著，即自变量与因变量之间是否存在二者具有显著的相关性。如果相关性显著，再进行第二步，否则中介效应不存在。第二步，检查自变量和中介变量二者的相关性，如果相关，则进行第三步的检验；如果不相关，则停止对中介效应的检验。第三步，检验中介变量和因变量的二者之间的相关性，如果相关性存在，则进行第四步的检验；如果不相关，则中介效应不存在。第四步，检验直接效应和总效应。在前三步的基础上，如果中介变量和自变量都存在的情况下，直接效应不显著，则存在完全中介效应，否则是部分中介效应。

第一步，自变量和因变量进行相关性检验。首先不考虑中介变量的影响，进行拟合检验，拟合结果如表5-25所示。

表5-25 渠道关系行为对渠道合作影响的拟合指标

指标	CMIN/DF	GFI	AGFI	NFI	IFI	TLI	RMSEA
数值	2.224	0.910	0.874	0.913	0.950	0.939	0.065

拟合结果除了AGFI不到0.9以上的标准，但仍然符合Baumgartner、Homburg及Doll、Xia、Torkzadeh建议的0.8以上的水平，RMSEA小于0.08，表示模型基本上符合配适度标准。

本书对渠道关系行为与渠道关系质量的结构模型进行检验，回归结果如表5-26所示。

表5-26 渠道关系行为与渠道合作的相关性检验

路径			标准化路径系数	T值	显著
合作	←	资产专用性	0.203	2.041	是
合作	←	共享价值	0.201	1.970	是
合作	←	沟通	0.264	2.676	是

通过对资产专用性、共享价值和沟通对合作进行回归分析，我们可以看到，资产专用性对渠道合作的标准化路径系数为0.203，影响作用显著；共享价值对渠道合作的路径系数为0.201，影响作用显著；沟通对渠道合作的路径系数为

0.264，影响显著。综上所述，自变量（渠道关系行为）对因变量（渠道合作）的影响显著，中介变量的第一个判定条件成立，可以进行第二步的检验。

第二步，检验自变量（资产专用性、共享价值和沟通）和中介变量（信任、承诺和满意）的相关性。拟合情况如表 5 - 27 所示。

表 5 - 27 渠道关系行为对渠道关系质量影响的拟合指标

指标	CMIN/DF	GFI	AGFI	NFI	IFI	TLI	RMSEA
数值	1.712	0.887	0.862	0.900	0.947	0.940	0.050

拟合结果除了 GFI、AGFI 不到 0.9 以上的标准，但仍然符合 Baumgartner、Homburg 及 Doll、Xia、Torkzadeh 建议的 0.8 以上的水平，RMSEA 小于 0.08，表示模型基本上符合配适度标准。

表 5 - 28 渠道关系行为与渠道关系质量的相关性

路径			Estimate	S. E.	C. R.	P	支持
承诺	←	资产专用性	0.619	0.082	7.546	***	是
信任	←	资产专用性	0.387	0.138	2.811	0.005	是
信任	←	共享价值	0.179	0.136	1.318	0.187	否
满意	←	共享价值	0.357	0.118	3.016	0.003	是
满意	←	沟通	0.301	0.124	2.438	0.015	是
信任	←	沟通	0.206	0.088	2.325	0.020	是

三个自变量（资产专用性、共享价值和沟通）对中介变量（信任、承诺和满意）进行回归，模型中资产专用性对信任的路径系数为 0.387，影响显著。资产专用性对承诺的路径系数为 0.619，影响显著。共享价值对信任的路径系数为 0.179，影响不显著。共享价值对满意的路径系数为 0.357，影响显著。沟通对满意的路径系数为 0.301，影响作用显著。沟通对信任的路径系数为 0.206，影响作用显著。综上所述，在农产品流通渠道中，合作社与经销商之间的渠道关系质量对自变量（渠道关系行为）的影响作用不一，其中信任与渠道关系行为的一个维度即沟通相关性显著；满意与渠道关系行为的两个维度，即共享价值和沟通相关性显著；承诺与渠道关系行为的一个维度，即资产专用性相关性显著。综上所述，判定中介变量的第二个条件成立，可以进行第三步的检验。

第三步，检验中介变量和因变量的二者之间的相关性，模型的拟合结果如表 5 - 29 所示。

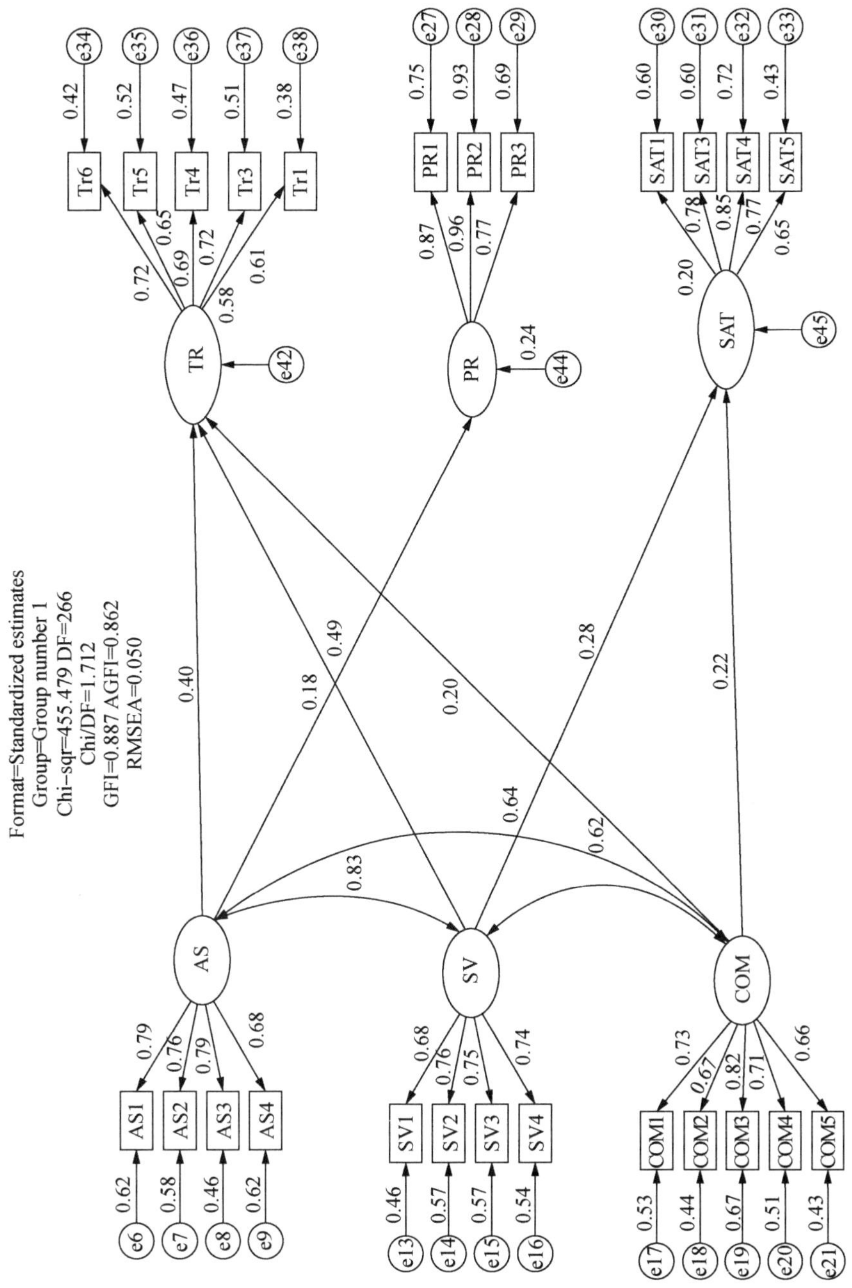

图 5-5 渠道关系行为对渠道关系质量的结构模型

表 5-29　渠道关系质量对渠道合作影响的拟合指标

指标	CMIN/DF	GFI	AGFI	NFI	IFI	TLI	RMSEA
数值	1.395	0.948	0.925	0.950	0.985	0.982	0.037

资料来源：本书统计得到。

在拟合结果中，GFI、AGFI、NFI、IFI、TLI 都达到 0.9 以上的标准，RMSEA 小于 0.08，表示模型基本上符合配适度标准。

表 5-30　渠道关系质量对渠道合作影响的相关性分析

路径			Estimate	S.E.	C.R.	P	支持
COO	←	PR	0.332	0.052	5.238	***	是
COO	←	SAT	0.196	0.050	3.277	0.001	是
COO	←	TR	0.330	0.083	4.329	***	是

资料来源：本书统计得到。

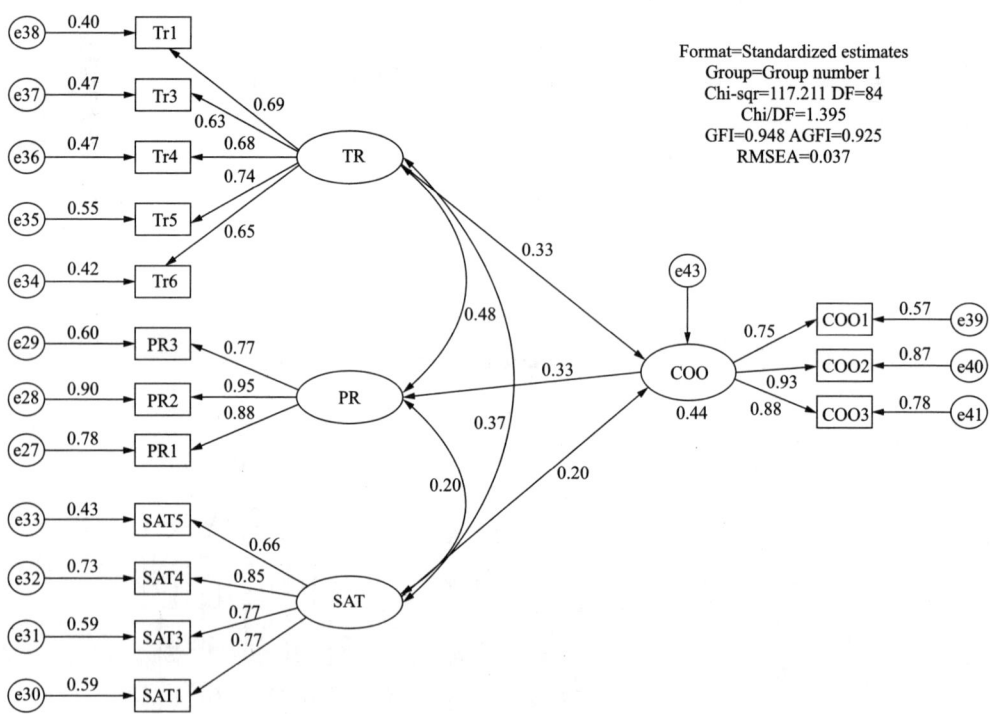

图 5-6　渠道关系质量对渠道合作的结构模型

通过中介变量（信任、承诺、满意）对因变量（渠道合作的）的相关性检验，我们可以看到，农产品流通渠道中合作社与经销商之间的信任对渠道合作的路径系数为 0.330，影响显著；承诺对渠道合作的路径系数为 0.332，影响显著；满意对渠道合作的路径系数为 0.196，影响显著。判定中介变量的第三个条件成立，可以进行第四步骤的检验。

第四步，检验直接效应和总效应。

通过对前三步的中介变量的检验符合之后，本书把自变量、中介变量和因变量同时放入结构模型进行检验，也就是模型的总体拟合检验图。

表 5-31 渠道关系质量和渠道关系行为对渠道合作影响的拟合指标

指标	CMIN/DF	GFI	AGFI	NFI	IFI	TLI	RMSEA
数值	2.133	0.855	0.826	0.909	0.911	0.900	0.0063

资料来源：本书统计得到。

在拟合结果中，除了 GFI、AGFI 未能达到 0.9 以上的标准，但仍然符合 Baumgartner、Homburg 及 Doll、Xia、Torkzadeh 建议的 0.8 以上的水平。RMSEA 小于 0.08，表示模型基本上符合配适度标准。

表 5-32 渠道关系行为和渠道关系质量同时对渠道合作回归的显著性

路径			Estimate	S. E.	C. R.	P
合作	←	信任	0.236	0.085	2.800	0.005
合作	←	承诺	0.325	0.051	4.847	***
合作	←	满意	0.163	0.050	2.553	0.011
合作	←	资产专用性	0.011	0.136	0.082	0.935
合作	←	共享价值	0.110	0.136	0.813	0.416
合作	←	沟通	0.152	0.089	1.819	0.069

资料来源：本书统计得到。

从表 5-32 可以看到，自变量和中介变量同时对因变量进行回归，发现在合作社与经销商的合作关系中，自变量的三个维度对因变量（渠道合作）的影响全部变为不显著：资产专用性对渠道合作的路径系数为 0.011；共享价值对渠道合作的路径系数为 0.110；沟通对渠道合作的路径系数为 0.152。中介变量对因变量的影响全部显著，其中承诺对渠道合作的影响为 0.325；信任对渠道合作的路径系数为 0.236；满意对合作的影响为 0.163。基于以上的分析，我们可以看到，自变量对因变量的作用变得不显著，说明渠道关系质量起到完全中介作用。

5.5.3.2 中介模型的效应分解

基于以上的逐步分析法，我们发现在自变量对因变量影响中，渠道关系质量起到完全中介效应。本书把因变量、自变量和中介变量同时放入到构建完全中介效应模型，对模型的直接效果、间接效果展开分析，结果如表5-23所示。

表5-33 模型的总效应和直接效应

效应类型		沟通	共享价值	资产专用性	信任	承诺	满意
总效应	信任	0.230	0.221	0.320	0.000	0.000	0.000
	承诺	0.115	0.091	0.455	0.411	0.000	0.000
	满意	0.307	0.357	0.002	0.002	0.005	0.000
	合作	0.172	0.170	0.243	0.496	0.262	0.170
直接效应	信任	0.230	0.221	0.320	0.000	0.000	0.000
	承诺	0.021	0.000	0.324	0.411	0.000	0.000
	满意	0.306	0.357	0.000	0.000	0.005	0.000
	合作	0.000	0.000	0.000	0.388	0.261	0.170
间接效应	信任	0.000	0.000	0.000	0.000	0.000	0.000
	承诺	0.095	0.091	0.131	0.000	0.000	0.000
	满意	0.001	0.000	0.002	0.002	0.000	0.000
	合作	0.172	0.170	0.243	0.108	0.001	0.000

资料来源：本书统计得到。

结构模型的路径系数表示自变量对因变量影响的大小，但这种影响有可能产生误解，因此，较好的解释是以总效果来表示。

总效果＝直接效果＋间接效果

间接效果表示某变量的影响，需要通过至少一个中介变量的传递，才能影响另一个变量，如模型中前置变量（资产专用性、共享价值和沟通）对结果变量（渠道合作）的直接效果为0，说明前置变量对因变量需要通过中介变量起到作用，而不产生直接作用，证明中介变量（信任、满意和承诺）起到完全中介效应。

中介变量（信任、承诺和满意）也即渠道关系质量，对渠道合作的影响既有直接效果也有间接效果。其中信任对渠道合作的总效果为0.496，是直接效应和间接效果共同作用的结果，其中直接效果为0.388，间接效果为0.108，直接效果大于间接效果。承诺对渠道合作的总效果为0.262，直接效果为0.261，间接效果为 0.001，直接效果的作用远远大于间接效果。满意对渠道合作的总效果为 0.170，直接效果为 0.170，间接效果不存在。中介变量对渠道合作的影响作用排序为信任＞承诺＞满意。

前置变量对信任的影响：沟通、资产专用性和共享价值对信任的影响只有直接效应，没有间接效应，其中沟通对信任的直接效果为 0.230，总效果也是 0.230，表示没有排挤作用；资产专用性对信任的总效果为 0.320，没有排挤作用；共享价值对信任的总效果为 0.221，没有排挤作用。前置变量对信任的影响排序为资产专用性＞沟通＞共享价值。

前置变量对承诺的影响：沟通对承诺的影响为 0.115，其中直接效果为 0.021，间接效果为 0.095；资产专用性对承诺的影响总效果为 0.455，直接效果为 0.324，间接效果为 0.131，直接效果大于间接效果；共享价值对渠道承诺的影响总效果为 0.091，全部都是间接效果。前置变量对承诺的影响作用排序为资产专用性＞沟通＞共享价值。

前置变量对渠道满意的影响：沟通对渠道满意的总效果为 0.307，直接效果占到 0.306，间接效果几乎不存在，为 0.001；共享价值对渠道满意的影响为 0.357，全部都是直接效果；资产专用性对渠道满意的影响很小为 0.002，全部都是直接效果。前置变量对渠道满意的影响排序为共享价值＞沟通＞资产专用性。

中介变量内部的三个维度之间的影响效果为，信任对承诺的影响为 0.411，影响效果显著，全部都是直接效果；信任对满意的影响为 0.002，全部都是间接效果；承诺对渠道满意的影响效果为 0.005，全部都是直接效果。由此，我们可以看出，渠道信任和承诺的直接后果为满意，其中信任是承诺的前提，只有高度的信任才会带来承诺。

综上所述，通过对模型直接效果和间接效果的分析，我们可以再次证明，渠道关系质量的三个维度都起到完全中介效果。

5.6 结果分析与讨论

5.6.1 模型路径结果

本书在内蒙古地区，选取了 290 家合作社为样本，对农产品流通渠道中，合作社与经销商之间的渠道关系行为对渠道合作的影响机制进行了检验，并验证了渠道关系质量的三个维度（信任、承诺和满意）起到了完全中介效应。

本书运用 AMOS 软件对所建整体模型进行检验,拟合检验结果如图 5-3 所示,路径系数结果如表 5-34 所示。

表 5-34　模型的路径系数

变量之间关系			标准化估计值	C. R. (t值)	P值	假设	支持
自变量与中介变量关系	信任	← 资产专用性	0.335	2.416	0.016	H1a	是
	承诺	← 资产专用性	0.272	1.886	0.059	H1b	否
	承诺	← 共享价值	-0.008	-.057	0.954	H2a	否
	信任	← 共享价值	0.228	1.677	0.093	H2b	是
	满意	← 共享价值	0.279	3.035	0.002	H2c	是
	满意	← 沟通	0.223	2.489	0.013	H3b	是
	信任	← 沟通	0.223	2.665	0.008	H3a	是
中介变量之间关系	承诺	← 信任	0.313	3.232	0.001	H4a	是
	承诺	← 满意	-0.012	-0.182	0.856	H5a	否
中介变量与因变量关系	合作	← 承诺	0.320	5.089	***	H6a	是
	合作	← 满意	0.205	3.476	***	H7a	是
	合作	← 信任	0.353	4.671	***	H8a	是

注:P<0.05 为 *,P<0.01 为 **,P<0.001 为 ***。

从表 5-34 的研究结果可知,资产专用性对承诺的影响不显著,共享价值对承诺的影响不显著,满意对承诺的影响不显著,其余构面之间均呈现出两两相关。

5.6.2　模型结果讨论

经过调研、访谈和结构方程检验,本书提出的 15 条假设的验证结果如表 5-35 所示。

表 5-35　假设结果

假设	结果
H1a:在农产品流通渠道中,合作社与经销商双方的资产专用性投资与渠道信任之间存在显著的正相关关系,资产专用性投入水平越强,渠道的信任程度就越强	支持
H1b:在农产品流通渠道中,合作社与经销商双方的资产专用性投入与渠道承诺之间存在显著的正相关关系,资产专用性投入水平越强,渠道的承诺程度就越强	不支持
H2a:在农产品流通渠道中,合作社与经销商双方的共享价值与渠道承诺之间存在显著的正相关关系,双方的共享价值水平越强,渠道的承诺就越强	不支持

第5章 农产品流通渠道中合作社与经销商关系实证研究

续表

假设	结果
H2b：在农产品流通渠道中，合作社与经销商双方的共享价值与渠道信任之间存在显著的正相关关系，共享价值水平越强，渠道的信任程度就越强	不支持
H2c：在农产品流通渠道中，合作社与经销商双方的共享价值与渠道满意之间存在显著正相关关系，双方的共享价值水平越强，渠道的满意程度就越强	支持
H3a：在农产品流通渠道中，合作社与经销商双方的沟通与渠道信任之间存在显著的正相关关系，沟通能力越强，渠道的信任程度就越强	支持
H3b：在农产品流通渠道中，合作社与经销商双方的沟通与满意之间存在显著的正相关关系，沟通能力越强，渠道的满意程度就越强	支持
H4a：在农产品流通渠道中，合作社与经销商双方的信任与承诺之间存在显著的正相关关系，信任水平越强，渠道的承诺程度就越强	支持
H5a：在农产品流通渠道中，合作社与经销商双方的满意与承诺之间存在显著的正相关关系，满意水平越强，渠道的承诺程度就越强	不支持
H6a：在农产品流通渠道中，合作社与经销商双方的承诺与合作之间存在显著的正相关关系，承诺水平越强，合作程度就越强	支持
H6b：在农产品流通渠道中，合作社与经销商之间的信任在渠道关系行为对渠道合作的影响中起到中介效应	支持
H7a：在农产品流通渠道中，合作社与经销商双方的信任与合作之间存在显著的正相关关系，信任水平越强，合作程度就越强	支持
H7b：在农产品流通渠道中，合作社与经销商之间的承诺在渠道关系行为对渠道合作的影响中起到中介效应	支持
H8a：在农产品流通渠道中，合作社与经销商双方的满意与合作之间存在显著的正相关关系，满意水平越强，合作程度就越强	支持
H8b：在农产品流通渠道中，合作社与经销商之间的满意度在渠道关系行为对渠道合作的影响中起到中介效应	支持

资料来源：笔者整理。

5.6.2.1 渠道行为与渠道关系质量之间的假设结果与分析

从表5-34的路径系数可以看出，渠道关系行为的三个维度（沟通、资产专用性和共享价值）对渠道关系质量的三个维度（沟通、信任和满意）作用程度不一。

假设H1a研究的是，在农产品流通中，合作社与经销商双方的资产专用性投资与渠道信任之间存在显著的正相关关系，资产专用性投入水平越强，渠道的信任程度就越强。检验结果表明，资产专用性对渠道信任的路径系数为 0.335，影响显著（p < 0.05）。假设 H1a 通过。这表明，一方面，在农产品流通渠道中，合作社与经销商通过双边专用资产投资增加双方的依赖性，而双方的依赖性越强，越能促进信任的产生和锁定合作关系的维持，这与 Sako, M, Helper, S. 的研究结论一致。另一方面，合作社在与经销商的合作中，双方进行资产专用性投资，扩大规模和品牌，提升农产品的原产地效应，可为合作社获得竞争优势，也有利于合作社与经销商双方建立起紧密的合作关系，提升农产品的竞争力。这一结论与王国才（2011）以及张钢和张东芳的研究一致，他们认为双边专用性投资提供给企业的资源是企业获得竞争优势不可缺少的一部分，而在资源利用过程中会产生关系信任，这种专用性投资有利于生产者和销售者建立可信度关系。

H1b 研究的是，在农产品流通渠道中，合作社与经销商双方的资产专用性投入与渠道承诺之间存在显著的正相关关系，资产专用性投入水平越强，渠道的承诺程度就越强。检验结果表明，资产专用性对渠道承诺的路径系数为 0.272，影响不显著，假设 H1b 不通过。这一研究与 Gundiach 等的观点不符，他们认为资产专用性投资对关系承诺产生影响。造成这种结果的原因在于，在合作社与经销商的合作过程中，因为土地、厂房和设备等资产专用性投资具有不可转移性，投入的交易专有资产越大的一方，通过交易专有资产做抵押而换得对方的信任，结束合作关系给它造成的损失就越大，双方都害怕结束合作带来的损失会很大，还没有达到很好的高度信任，而承诺是以信任为前提的（Morgan and Hunt, 1994），因此资产专用性投资没有对承诺产生显著影响。

H2a 研究的是，在农产品流通渠道中，合作社与经销商双方的共享价值与渠道承诺之间存在显著的正相关关系，双方的共享价值水平越强，渠道的承诺就越强。检验结果表明，共享价值对渠道承诺的路径系数为 -0.008，影响不显著。假设 H2a 不通过。这一结果与 Zineldin 和 Jonsson 等的研究结论不一致，其认为影响伙伴之间关系承诺最重要的因素是共享价值，存有共同目标以及政策的双方在一定程度上分享彼此的资源、能力，有助于提升关系承诺。造成这个结果的原因在于，在农产品流通过程中，合作社与经销商的合作都是短期行为，双方的文化水平都不高，没有长久的愿景，当农产品的价格有波动时，双方都倾向于违约，短期利益大于长期利益，通常不签合同，因而共享价值对承诺没有产生显著的影响。

H2b 研究的是，在农产品流通渠道中，合作社与经销商双方的共享价值与渠道信任之间存在显著的正相关关系，共享价值水平越强，渠道的信任程度就越强。检验结果表明，共享价值对渠道信任的路径系数为 0.27，影响显著（p < 0.01），假设 H2a 通过。这表明，一方面，在农产品流通过程中，作为生产者的

合作社与作为销售者的经销商,双方为了产销更好地对接,减少农产品在流通中的风险,开展订单农业,双方具有长期目标,有共同的价值观,有利于形成信任关系。这一研究结果与Zineldin、Jonsson以及福山的研究结论相一致,他们认为当一个社群具有同样的价值观,建立起相互的期望,社群的信任就会提升。另一方面,国家对合作社具有政策支持,对于与合作社开展业务的经销商(比如企业和超市)同样享受优惠政策,共同的农业政策和补贴,会促进合作社与经销商的合作,促进双方信任的产生。

H2c研究的是,在农产品流通渠道中,合作社与经销商双方的共享价值与渠道满意之间存在显著的正相关关系,双方的共享价值水平越强,渠道的满意程度就越强。检验结果表明,共享价值对满意的路径系数为0.279,影响显著($p<0.01$),假设H2c通过。这表明,在农产品流通过程中,如果合作社与经销商双方的私交好,具有长期的业务往来关系,有利于提高双方的满意度,进而促进关系的良性循环。

H3a研究的是,在农产品流通渠道中,合作社与经销商双方的沟通与渠道信任之间存在显著的正相关关系,沟通能力越强,渠道的信任程度就越强。检验结果表明,共享价值对满意的路径系数为0.223,影响显著($p<0.01$),假设H3a通过。这表明,一方面,在合作社与经销商的合作中,由于信息不对称,农产品经常会出现供过于求,或者供不应求的状况,给双方都带来很大的损失,因此,良好的沟通会对信任产生促进作用,这与ETGAR M.的观点一致;另一方面,合作社与经销商的沟通与信任还会产生互动作用,双方的相互信任水平越高,越倾向于加强沟通,而反过来,相互间的沟通又有利于加强双方之间的相互信任。因而在农产品流通过程中,沟通是至关重要的。

H3b研究的是,在农产品流通渠道中,合作社与经销商双方的沟通与满意之间存在显著的正相关关系,沟通能力越强,渠道的满意程度就越强。检验结果表明,沟通对满意的路径系数为0.223,影响显著($p<0.05$),假设H23通过。这表明合作社与经销商的沟通,可以促进经销商的渠道满意(经济的和非经济的),这和Schuler、Anderson和Weitz以及Mohr和Sohi的观点一致,他们认为渠道沟通的质量与效果与渠道成员对沟通的满意程度是正相关的。主要是因为合作社与经销商之间较高的沟通质量,使双方都能获得了更加完整的农产品市场信息,有利于促进农产品流通。

5.6.2.2 中介变量之间的关系

渠道关系质量的三个维度(信任、满意和承诺)之间互相影响,其中信任对承诺具有正向影响,满意对承诺的影响不显著。

H4a研究的是,在农产品流通渠道中,合作社与经销商双方的信任与承诺之间存在显著的正相关关系，信任水平越强，渠道的承诺程度就越强。检验结果表明，信任对承诺的路径系数为 0.313，影响显著（p<0.01），假设 H4a 通过。这表明，在农产品流通中，合作社与经销商之间达成高度的信任有利于承诺的实现。这一研究结果与 Coote L. V.、Forrest E. J.、Tam T W. 以及 Morgan 和 Hunt（1994）的研究结论一致，他们认为信任是影响关系承诺非常突出的行为因素，在信任存在的关系里，关系各方会愿意为这种关系做出承诺。在合作社与经销商的合作中，通常的承诺体现为口头承诺、书面承诺和行为承诺三种承诺方式，与个体商贩和批发市场的合作通常采用口头承诺，与超市或者大企业的合作通常采用的是书面承诺，与关系较好的代理商合作采用的是行为承诺。

H5a 研究的是，在农产品流通渠道中，合作社与经销商双方的满意与承诺之间存在显著的正相关关系，满意水平越强，渠道的承诺程度就越强。检验结果表明，满意对承诺的路径系数为 -0.012，影响不显著，假设不通过。这表明，在农产品流通过程中，合作社与经销商的满意度没有促成承诺，这是因为农产品的生产和销售具有特殊性，价格波动也很大，无论是个人还是组织都不可能轻易付出承诺，因为承诺具有潜在的伤害和牺牲，除非信任已先建立，而满意可以通过信任影响承诺。当前国内的农产品销售环境不稳定，合作社与经销商之间多数没有实现组织化和规模化，短期交易居多，渠道整体承诺水平低，因此双方即使满意度再强，也很难影响到承诺。

5.6.2.3 渠道关系质量与渠道合作之间的假设结果与分析

渠道关系的三个维度（信任、承诺、满意）都对渠道合作产生影响。

H6a 研究的是，在农产品流通渠道中，合作社与经销商双方的承诺与合作之间存在显著的正相关关系，承诺水平越强，合作程度就越强。检验结果表明，承诺对合作的路径系数为 0.320，影响显著（p<0.001），假设 H6a 通过。这表明，在农产品流程渠道中，口头承诺或书面承诺的达成，有利于减少合作社与经销商的机会主义，减少违约，促进合作。这一研究结果与 Dyer、Hin 以及 Ketn 和 Ghauri 的观点相符，他们认为在一个信任度高的环境下，非常耗费成本的谈判可以精简，烦琐的合同制定、监督与执行过程可以简化，双方之间的矛盾可以以一种双方都满意的方式解决，使合作水平得以提升。与国外的研究结果相反，我国学者李崇光、胡华平和李连英（2012）对我国生鲜农产品和蔬菜农产品进行实证研究，均未能发现渠道承诺对渠道合作有显著影响，本书的研究结果对农产品流通渠道的研究是一个有益的补充。

H7a 研究的是，在农产品流通渠道中，合作社与经销商双方的信任与合作之间存在显著的正相关关系，信任水平越强，合作程度就越强。检验结果表明，信任对合作的路径系数为 0.353，影响显著（p<0.001），假设 H7a 通过。这表明，

在农产品流通中，只有合作社与经销商双方达成高度的信任，当农产品价格出现波动时，双方才会为了长期放弃短期利益，采取合作。这一研究结果与Anderson和Nams的观点一致，他们认为渠道信任是渠道合作的基础。

H8a研究的是，在农产品流通渠道中，合作社与经销商双方的满意与合作之间存在显著的正相关关系，满意水平越强，合作程度就越强。检验结果表明，满意对合作的路径系数为0.205，影响显著（$p<0.001$），假设H8a通过。这表明在农产品流通中，合作社与经销商双方低度的满意会阻碍士气，影响合作，同时高的满意度，能缩小成员之间的分歧，减少冲突，这一研究结果与Kemp的研究结论一致。

5.6.2.4　渠道关系质量的中介效应结果与讨论

H6b、H7b和H8b三个假设研究的是，在自变量（渠道关系行为）对因变量（渠道合作）的影响中，渠道关系质量的三个维度起到中介效应。本书采用四步的逐步分析法，检验渠道关系质量的中介效应。在四步检验都满足的情况下，构建完全中介效应模型，从最终的模型效应分解表5-33可以看出，模型的自变量（渠道关系行为）对结果变量（渠道合作）的直接效果为0，说明自变量对因变量不产生直接作用，需要通过中介变量（信任、承诺和满意）来影响渠道合作的。具体来说，沟通通过信任和满意来影响渠道合作；共享价值通过满意和信任来影响合作；资产专用性通过信任和承诺来影响渠道合作。

可以看到自变量（渠道关系行为）的三个维度，作用于渠道合作的路径不同，但总体来看，渠道关系质量的每个维度都起到了一定的中介作用。或许可以这样解释，在合作社与经销商的合作过程中，二者的关系行为（沟通、共享价值和资产专用性投入），本身并不能直接促进渠道合作意愿的产生，而主要需要通过这些行为对渠道的信任、满意和承诺产生影响，才能促成合作，而信任和满意本身又会影响到渠道承诺的发生，只有这样渠道关系的动态变化，才能解释渠道关系的产生、维护和保持。因此，在合作社与经销商的合作过程中，渠道关系质量是渠道关系行为作用于渠道合作的内在机制。

基于以上的实证研究，本书的15个假设，11个得到支持，4个假设没有通过检验。

第 6 章

农产品流通渠道中合作社与经销商关系多案例研究

本章采用多案例的研究方法，选择了 10 家典型合作社，对这一理论模型进行进一步检验，展示合作社与经销商之间合作关系的实际表现和行为细节。

案例研究属于一种定性研究方法，通常对于复杂、敏感的问题的研究采用此方法。通过访谈等形式，可以准确了解因果关系，把握事件的来龙去脉。但单个案例很难进行结论的推广。多案例的研究方法，通过对多个结果进行分析，结论可信度较高，用于理论模型的检验。在合作社农产品流通渠道中合作社与经销商关系较为复杂，双方的信任与承诺的因果互动极为复杂，采用多案例研究还有助于展现合作社与经销商之间合作关系的行为细节。

6.1 合作社基本情况

根据实际情况，我们在内蒙古的牧区、农区以及半农半牧地区，选择有代表性的农（牧）民专业合作社，通过实地调研、调查问卷以及访谈的方式获取信息。调查地点选择的是农（牧）民专业合作社发展状况较好的达茂旗（牧区）、土默特左旗（半农办牧地区）和五原县（农区）三个地区，涉及的产业有奶业、蔬菜、有机饲料、水果、草业、养殖等当地的主导产业。调研对象的选取采用如下标准：合作社的成立时间在 3 年以上，有长期固定的经销商；每家合作社有多个经销商，以利于在一家受访合作社内进行对比分析；访谈对象多数是合作社的社长和管理人员，熟悉业务。同意对相关问题进行深入访问。根据相关条件筛选后，选取了 10 家合作社进行了调研和访谈，其中 5 家合作社的渠道关系比较有代表性,基本情况见表 6-1 所示。

表 6-1 受访合作社的基本情况

基本情况	天宇合作社	亿宝合作社	大青山合作社	秀梅合作社	德彪合作社
地区	农区	农区	半农半牧区	半农半牧区	牧区
成立时间	2007 年	2009 年	2010 年	2004 年	2009 年
业务	有机肥料、生产销售	种植大棚蔬菜、瓜果,繁种育苗	苜蓿种植、销售	奶牛养殖、牛奶销售	有机牧草种植、有机牛羊繁育、加工
规模	投资 200 万元,厂房 5000 平方米,员工 20 人	投资 1.5 亿元;面积 1100 亩;员工 320 人	投资 700 多万元,流转土地面积 4000 亩	奶牛 230 头,流转土地 200 亩	面积 1.2 万亩,肉羊 7000 只,员工 143 名
带动农户	100	500	100	80	514
示范社	否	国家科技示范园 2011 年	否	内蒙古自治区示范社 2009 年	国家示范社 2012
有机认证	自治区认证	国家无公害和绿色认证	无	无	国家有机认证
注册商标	"天宇誉农"	"古郡绿园""亿宝"	无	无	"牧野德彪"
地理标志/专利	国家专利	"灯笼红""黄柿子"	无	无	"达茂草原羊"

资料来源:笔者整理。

被采访的 5 家合作社中农区 2 家、半农半牧地区 2 家、牧区 1 家。合作社有 3 家被评为示范社,其中国家级示范社 2 家,自治区级 1 家,亿宝合作社和德彪合作社都是当地的龙头企业,三家合作社有注册商标,三家合作社有地理标志或专利。

6.2 合作社治理结构

所谓治理结构是指一些组织性框架,一种契约关系的完整性和可靠性。作为一个由多人共同分享所有权的企业组织,合作社异于其他经济组织的根本之处就在于其治理结构,治理结构一方面说明谁拥有正式的决定权,另一方面也反映了收益和成本是如何分配的。

吴彬、徐旭初认为,我国合作社的类型划分为普通农民主导型、村庄能人主导型、企业主导型和相关组织主导型四类,分别是以普通农民、村组干部或经济精英、加工企业以及一些涉农的政府组织占据主导地位。本次调研的合作社治理结构情况见表6-2。

表6-2 合作社治理结构与受访者的基本情况

基本情况	天宇合作社	亿宝合作社	大青山合作社	秀梅合作社	德彪合作社
治理结构	能人主导型（村主任）	企业主导型（龙头企业）	普通农民主导型（农户）	能人主导型（妇联主任）	企业主导型（上市公司）
合作经验	直销给草业公司；出口	批发市场批发；直营店直销；小超市销售；出口	中间商收购；伊利乳业收购	伊利乳业收购牛奶	大超市销售，直营店销售，代理商销售
受访者	张某,合作社创始人,肥料销售8年以上	沈某,合作社创始人,企业经营5年以上	王某,合作社创始人,企业经营3年以上	云某,合作社创始人;企业经营10年	黄某,销售经理,销售经验5年以上

资料来源:笔者整理。

5家受访合作社的治理结构:2家是村庄能人主导型,2家是企业主导型,1家是普通农民主导型。其中天宇合作社和秀梅合作社是村庄能人带动型,分别由村主任和妇联主任带动;亿宝合作社和德彪合作社是企业主导型,两家合作社都是当地的龙头企业;大青山合作社是普通农民主导型。我们看到大企业带动的合作社的渠道形式多样,对渠道的控制较强,通常都设有自己的直营店,可避免渠道的不确定性,而能人主导型和普通农民主导型的渠道形式单一,对渠道成员的依赖较强。

6.3 调查结果与讨论

6.3.1 合作社与经销商的合作情况

表6-3是我们对受访合作社与经销商合作情况的资料总结。受访的5家合

作社的合作对象，包括下游的收购商、代理商、加工企业、超市等。受访合作社的信任水平有差别，对实力强的企业信任程度高，对实力弱的企业信任水平一般。合作社与经销商的承诺方式体现为口头承诺、书面合同和行为承诺三种。口头承诺是非正式的，主要是成员之间私下的交流；书面承诺是正式的承诺方式，是实质性合作的前奏；行为承诺则是通过对人力、物力和财力进行投入以换取对方的信任的行为表达，有利于关系的维系，保障合同顺利实施。5家受访合作社的渠道承诺方式各不相同，其中天宇合作社和亿宝合作社的渠道承诺体现为口头承诺、书面合同和行为承诺三种方式兼有，大青山合作社和德彪合作社体现为口头承诺和书面承诺两种方式，秀梅合作社只有口头承诺这一种承诺方式。

表6-3 合作社的合作方式以及信任与承诺情况总结

基本情况	天宇合作社	亿宝合作社	大青山合作社	秀梅合作社	德彪合作社
合作成员	牧草公司、国外客户	经销商、国外客户	经销商、伊利乳业	伊利乳业	代理商、上海联华超市
合作方式	给草业公司供货；通过外贸公司出口	销售给超市；直营店销售	经销商收购给伊利乳业的供应	销售给伊利乳业	与代理商、超市合作；直营店销售
关系状态	和草业公司关系很好	与大超市关系一般；与小超市关系好	与大企业关系一般；与经销商关系不固定	与伊利合作时间长，关系一般好	与大超市合作关系一般；与经销商关系好
信任水平	感性上信任公司，但赊欠；理性上信任国外客户，不赊欠	对大超市不信任；与小超市和蔬菜店互信	与大企业单边信任；与经销商无信任	与大企业合作，双方信任不足	与代理商高度信任；与牧民互信；与超市不信任
承诺方式	口头承诺、书面合同、行为承诺	口头承诺、书面合同、行为承诺	口头承诺、书面承诺	口头承诺	口头承诺、书面承诺

资料来源：笔者整理。

6.3.2 合作社与经销商的关系质量

本书从信任、承诺、满意维度对合作社与经销商之间的关系质量进行描述，探讨信任、承诺与满意的实际表达和行为细节，从而分析合作社与经销商渠道关系行为过程与合作意向。通常合作社与经销商的承诺表达体现为口头承诺、书面承诺和行为承诺三种。本书对合作社的承诺和经销商的承诺分析如下：

6.3.2.1 经销商的承诺表达

对于经销商的承诺意愿，受访者无法观察，只能通过经销商承诺表达进行推断。因通常口头承诺是非正式的承诺，书面承诺是正式的承诺。通常口头承诺没有强制性，影响效果要差一些。认知信任取决于对方的前期履行承诺情况以及承诺人的地位和权力，受对方的规模与实力影响较大。在情感信任方面，口头承诺的影响效果受私人关系的影响较大，根据经销商诚实和善意的积累来判断。下面是受访者举的示例，[ ] 中的内容是我们的解读（下同）。

(1) 口头承诺

天宇合作社——牧草公司：上次一起吃饭的时候，他（L公司负责人）答应我们，向其他的牧草公司推荐我们的有机肥。我相信他的这个承诺，因为他在这个圈子里有一定的影响力 [认知信任：承诺者在行业中的地位和能力]。我们关系很好，都喜欢喝酒；他答应给我争取订单，所以我心里很感激他，很信任他 [情感信任]。

亿宝合作社——小型超市：我们的蔬菜是无公害产品，卖得好，在本地口碑好，商家都很认可我们，价钱是我们说了算 [认知信任]，我们是长期合作关系，很默契，就像一家人，互相信任，不用签合同 [情感信任]。

大青山合作社——收购商：我们的苜蓿草质量高，大家都愿意要，供不应求 [认知信任]，二道贩子都是拿现金抢着来收购 [行为承诺]。

(2) 书面承诺

书面承诺以合同为主，具有强制性。书面承诺规定了合作双方的责任、义务和违约处罚，对双方都有约束力。书面承诺对信任的影响如下：

天宇合作社——欧盟客户：欧盟的企业很正规，对方要求签合同，一旦签了合同就肯定会执行 [认知信任]。欧盟客户的实力雄厚，欧盟补贴高，对于高品质的有机肥，需求量巨大，不会违约 [行为承诺]。

亿宝合作社——大超市：大超市更关注农产品质量和生产者声誉的信息，我们合作社是当地的龙头企业，他们认为我们很可靠 [认知信任]，只要我们能保证每天供应，他们愿意采购我们的蔬菜 [承诺意愿]。

亿宝合作社——国外客户：通过二连浩特的展销会，吸引到蒙古国、俄罗斯客户，国外客户信誉好，我们相信他们 [认知信任]。对方对产品质量要求非常高，主要订购种苗和礼品菜，我们合作社为保证供应，在中旗乌加河镇占地80亩，成立民隆出口蔬菜配送中心，通过甘其毛道口岸进行出口 [行为承诺]。

大青山合作社——大企业：我们合作社实力和知名度不高，经营状况不稳定，企业对我们不放心 [认知信任：负面]，虽然我们入选了大企业的供货商，

第6章 农产品流通渠道中合作社与经销商关系多案例研究

但对方不愿意放弃现在的供货商去选择我们［承诺意愿：负面］。

秀梅合作社——大企业：我们合作社是省级示范社，是当地的养殖大户，又是妇联主任创办的，质量有保证［认知信任］，经销商采购牛奶首选我们［承诺意愿：正面］。

书面承诺能够提高合作社与经销商之间的认知信任，但是对情感信任却影响不大。

（3）行为承诺

行为承诺是通过对人力、物力、财力和精力的投入来换取对方的信任，因此对认知信任和情感信任。通常行为承诺不依赖于私人关系，不考虑对方以前诚实和善意的积累，对方规模与实力的影响也被弱化，如下所示。

天宇合作社——牧草公司：草业公司种植牧草对土壤要求很高，为改良土壤，必须使用有机肥，为减少运输成本，愿意使用我们合作社的肥料，并按照有机肥的要求调整种植工序［行为承诺：资产专用性投资］。对方表示愿与我们长期合作［承诺意愿表达］，我们双方已经发展了高水平信任［认知信任和情感信任］。

大青山合作社——美国农机供应商：国家为带动首蓿草业发展，改善生态环境，给予农机补贴，从国外进口农机，国外企业相信我们［认知信任］，价值300万元的设备，政府给我们做担保，国外设备商愿意卖给我们［承诺行为］，可以先使用后付款［承诺行为］。

德彪合作社——大型超市：我们合作社的牛羊肉是有机产品，有"达茂草原羊"的地标认证，高端的定位，大超市和消费者都很认可我们［认知信任］，上海世纪联华超市与我们签订协议，给他们旗下113家门店供应草原牛羊肉、有机牛羊肉等冷冻系列产品，协议金额为220.7万元［书面承诺］。

6.3.2.2　合作社的信任表达

我们能够从受访者的表述中很清楚地看到合作社的信任与承诺的表达。其中，承诺表达包括行为承诺和计算承诺，如下所示。

天宇合作社——国外客户：欧盟、菲律宾的企业信誉很好，货到了就会给合作社付款，从没有拖欠行为，我很信任他们［信任］，合作社很重视和外方的合作，把他们当成最重要的客户［承诺意愿］。我们经常主动地根据对方的需求，给对方提供新的肥料样品［行为承诺：资源投入］。

天宇合作社——牧草企业：他们总是不能按时结款，说好年底给，总是没钱［冲突］。这一点很不好，但都是老客户了，我还是相信他们，干我们这行的都是这样，都是一边赊欠，一边还账［信任：负面］。有时候不愿意做他们的单子，但也没有办法，不赊欠就没有客户［计算承诺：负面］。

亿宝合作社——蒙古国、俄罗斯客户：国外的企业主要是购买种苗，信誉很好，结账快，愿意信任他们［认知信任］。我们合作社愿意扩大出口［承诺意愿］，并派技术人员去指导［行为承诺：专有资产投资——关系投入］。

亿宝合作社——大型超市：大型超市实力强，结款周期长［权力］，与超市合作需常年供应，要做到天天供应，中间环节烦琐，物流成本高，而且需要企业派遣专业的人员入驻超市［行为承诺：专有资产投资——人员投入］，帮助超市进行蔬菜销售［渠道控制］，另外，超市给我们返点低，不利于我们有机蔬菜的品牌宣传［认知信任：负面］，因为进驻超市困难，我们合作社不愿意与大超市合作［承诺意愿：负面］。

亿宝合作社——小型超市、蔬菜摊点：小超市是我们的长期合作伙伴，合作愉快，从不赊欠，我们信任他们［情感信任］。产品供不应求时，优先保证向他们供货［行为承诺］。

大青山合作社——大企业：大企业实力雄厚，对牧草的采购量大，给的价格也高，我们很希望和大企业打交道，能成为伊利公司的供货商，我高兴了好几天［认知信任］，如果能长期给他们供货，我愿意增加设备，增加牧草产量、提高蛋白质含量，准备购买进口收割机（200万元）、烘干机（150万元），购买配套设备（锄草机、高密打捆机、叉车，120万元）［行为承诺：专有资产投资——设备投入］。

大青山合作社与收购商：我们与二道贩子大都是一次性合作关系，我不相信他们［认知信任］，谁给的高就卖给谁，不愿意赊给他们［承诺意愿］，个别的二道贩子，我们经常喝酒，私人关系好［情感信任］，我可以赊几天［承诺行为］。

秀梅合作社——大企业：大企业实力雄厚，需求量大［权力］，垄断奶价，检测标准由他们说了算［渠道控制］，当地只有这一家企业收购，没有别的选择［渠道依赖］，我们吃亏也没办法，感觉不公平［渠道满意：负面］，也只能卖给他们［计算性承诺］。

德彪合作社——大型超市：与上海世纪联华超市签订协议，是合作社打进上海市场的重要一步棋，上海联华超市，有113门店，实力强［权力］，我们需要通过这些门店打开上海的市场［渠道依赖］，我们相信这是一个有效的平台，不仅能提高订单规模效益，还有利于企业的持久发展空间［认知信任］，我们在超市设立专柜，采用赊销模式［行为承诺：专有资产投资］，派专业营销人员入驻超市，帮助超市进行销售［行为承诺：专有资产投资——人员投入］。

德彪合作社——代理商：代理商是我们的长期合作伙伴，我们私下关系很好，从来没有发生不愉快［情感信任］，我们合作社大部分的有机牛羊肉都是通过代理商进行销售［行为承诺］。

基于以上的访谈，可知合作社对代理商具有情感信任，承诺表达方式体现为行为承诺；合作社对大企业具有认知信任，从而产生渠道依赖，承诺表达方式为行为承诺；在与大企业的合作中，因为对方控制营销渠道，合作社对渠道满意是负面的，关系承诺也可能出现负面即计算性承诺。

6.3.2.3 信任和承诺之间的转化与因果循环

庄贵军（2006）提出渠道成员之间具有信任与承诺的因果互动：两个渠道成员之间，一方信任另一方就会作出承诺，加强资产专用性的投入。一方面，资产专用性投入由于具有不可转移性和不可复制性，会使自己在渠道中处于不利地位，当关系结束时损失会更大；但另一方面，如果对方感知到我方的承诺，也会加强对我方的资产专用性投入，因此，双方的信任和承诺具有互动性。

在受访者的表述中，信任和承诺之间相互转化的痕迹清晰可见，经销商的承诺行为影响合作社对经销商的信任，合作社信任又影响其承诺意愿和承诺表达。下面是具体例子。

亿宝合作社——小超市、蔬菜摊点：我们合作社的蔬菜品种是自主研发的本地菜，口感和质量好，销量好，他们相信我们［经销商的信任］，愿意购买我们的蔬菜［经销商的承诺意愿］，我们也很相信他们，允许一定的赊欠行为［合作社的信任］。有时候，新品种口感不好，没有卖掉，合作社全部回收，不让经销商承担损失［行为承诺：专有资产投资——关系投入］，和我们合作社进行合作，经销商不用担心蔬菜卖不掉，无后顾之忧，相信我们的诚信［经销商的信任］，常年只卖我们的蔬菜［经销商的承诺］。

6.3.3 结论分析

第一，在合作社与经销商的渠道对偶关系中，沟通不畅和机会主义行为对渠道信任造成负面影响。

通过对合作社进行访谈，发现合作社与经销商的合作中存在沟通不畅的行为，以大超市为例，合作社与大超市的合作缺乏有效的沟通，主要是超市的条件苛刻，合作社处于被动地位。在合作社与超市的渠道对偶关系中，超市在渠道控制中处于主导地位，具有权威性，超市通常把风险转嫁到合作社方面，合作社的进店成本高，资金不能及时回笼，没有话语权。由此可以看出，合作社与超市的沟通障碍以及合作社在渠道中的弱势地位，造成合作社对超市的信任产生负面影响，进而合作意愿下降。这意味着合作社有必要加强与超市等经销商的沟通质量和沟通频率，它将有助于提升双方的沟通效果，减少"牛鞭效应"，进而增加合作社在农产品流通渠道中的竞争能力。

此外，双方合作中存在机会主义行为。这是因为在农产品流通渠道中，相对更强大的一方，总期望控制相对更弱的一方。在合作社与经销商的合作中，实力较强的加工企业，会根据市场行情波动出现违约行为，拒收合作社的牛奶等农产品，给合作社造成损失，对双方的信任产生负面影响，进而影响双方的合作。此外有些经销商长期有赊欠行为，不能按时汇款，也给双方的信任造成负面影响。因此合作社要加强自身规模的提升，在渠道控制中处于主导地位，才能规避对方的机会主义行为，加强双方的合作。

第二，在合作社与经销商的渠道对偶关系中，资产专用性的投入和共享价值的提升对渠道信任有正面影响。

通过访谈得知，合作社为了换取经销商对自己的信任，采用行为承诺的方式较多，即加大对资产专用性的投资，与对方形成互锁关系。这是因为在合作社与经销商的合作中，为了使合作社与经销商的合作保持高效率运转，合作社在无形交易资产和有形交易资产方面都大量增加投入，因为交易专有资产不能毫无成本地转移，用于另一个合作对象。所以，合作社对于交易资产的投入越多，合作社就会对经销商依赖程度越高，经销商对合作社的信任也会加强，这就相当于它以交易专有资产做抵押而换得对方的信任。土地、厂房等有形资产投入和品牌、商标等无形资产投入对投资主体要求较高，与普通农民相比，合作社资本相对充裕、管理经验丰富，一定程度的投资会增强对方的信任从而产生承诺，这会进一步加大合作社的资产专用性程度，形成互锁关系。

此外，在合作社与经销商的合作中，共享价值的提升也有利于促进信任。这是因为渠道成员之间进行合作，一方面要求能力和资源互相匹配，另一方面还要求渠道成员相互信任、目标兼容并践行允诺。通过访谈看到，党支部牵头的合作社有更强的凝聚力，在党支部的带领下，合作社成员具有共同的价值观，能分享伦理、习惯和规范。其中德彪、亿宝合作社均是采用"支部+合作社+农户"的模式，秀梅合作社是妇联组织带动，创始人张秀梅是村妇联主任，以上合作社都是国家级示范合作社或者省级示范社，德彪和亿宝合作社还是当地的大型龙头企业，能有效带动当地农户增收，这表明加强合作社与经销商之间的价值共享的确可以提高成员之间的信任。

第三，在合作社与经销商的渠道对偶关系中，信任与承诺意具有互动性。

访谈得知，在合作社与经销商的合作中，双方的口头承诺较多，双方的信任与承诺具有互动性。这是因为在合作社与经销商的合作中，双方如果高度信任，采用口头承诺可以避免耗费成本的谈判和签约过程，减少合同的订立、监督和执行成本，增强双方的满意度，从而提高合作社与经销商的合作水平。这表明合作社与经销商等可以通过构建相互信任机制而增强关系承诺水平，从而更好地维持伙伴关系的稳定性。合作社对经销商的承诺，通常体现为情感性承诺和认知性承诺。情感性承诺，受到双方私人关系和关系时间长度的影响，通常合作社与经销商的合作时间越长，而且私人社会关系越好，双方的承诺意愿就强；认知性承诺，受到对方规模、品牌以及声誉的影响。通常合作社的规模越大、品牌知名度高，具有有机认证或者绿色认证的，合作社的承诺意愿就强。此外，通过受访者的表述，信任和承诺之间具有相互性，经销商的承诺行为影响合作社对经销商的信任，合作社信任又影响其承诺意愿和承诺表达。

可见，只要渠道成员间相互承诺，双方必定会保持一定合作，以维持彼此有价值的关系。

第 7 章

结论与未来研究设想

7.1 结论

本书首先从渠道结构、渠道行为和渠道关系三个阶段对营销渠道的范式进行了发展演进，并在交易成本理论、资源依赖理论分析的基础上，系统地回顾了农产品流通理论、合作社理论和渠道关系的相关研究，确立了合作社嵌入农产品营销渠道的研究框架，以合作社为核心企业，探讨农产品流通渠道中合作社与经销商的渠道关系。其次，对合作社的发展现状展开分析，并对各地区合作社在流通渠道中的竞争力现状展开分析，得出全国 29 个省、市、自治区合作社的竞争力排名。再次，探讨了农产品流通渠道中合作社与经销商的关系运行机理，分析关系构成要素，构建"渠道关系行为—渠道关系质量—渠道合作"的概念模型，运用结构方程进行实证检验。最后，运用多案例研究方法，展示了合作社与经销商之间合作关系的实际表现和行为细节，提出相应对策。得出的主要结论如下：

第一，在农产品流通渠道中，各地区合作社竞争力差异较大。

本书在对我国农民专业合作社发展现状深入分析的基础上，利用合作社的横截面数据，根据 15 项流通竞争力的指标，分析了农产品流通渠道中各地区合作社的竞争力现状。研究发现：①江苏的合作社在流通渠道中的竞争力综合得分最高，特别是强制力因子在其他省市中排名第一。②处于综合能力排名第二位的是山东省，其合作社的参照力很强，说明合作社的带动示范能力较强。③排在第三位的是河南省，河南省合作社在强制力因子和参照力因子上得分较高，而报酬力因子得分较低。④浙江省综合得分排名第四位，但其在报酬力上排名第一位，说明该省合作社在获利能力及政府扶持力度上最强。⑤排在最后三位的是青海省、

第7章 结论与未来研究设想

宁夏回族自治区、北京,这三个省、市、自治区排名靠后的主要原因是参照力因子得分较低。在具体执行中,各地区合作社要参考竞争力综合排名,结合各城市的单项得分,找出原因,提高合作社在流通中的竞争能力,提升合作社在农产品流通渠道中的主体地位,增加合作社与经销商合作的话语权,从而加强双方的合作。

第二,在农产品流通渠道中,合作社与经销商之间的渠道关系行为的三个维度(沟通、资产专用性、共享价值)对渠道关系质量产生影响,影响程度有差别。

根据关系营销理论和营销渠道理论,渠道关系行为对渠道关系质量产生影响得到了大家的广泛认可,但是在合作社参与的农产品流通渠道中,这一理论还未得到验证。本书分析了农产品流通渠道中合作社与经销商关系的博弈过程,在此基础上,依据前人的研究成果,把渠道关系行为划分为沟通、资产专用性和共享价值三个维度,渠道关系质量划分为信任、承诺和满意三个维度,在农产品流通渠道中,考察合作社与经销商之间的渠道关系行为对渠道关系质量的影响。研究发现:

首先,在农产品流通渠道中,合作社与经销商双方的资产专用性投资与渠道信任之间存在显著的正相关关系,但双方的资产专用性投入对渠道承诺影响不显著。这表明,在农产品流通过程中,合作社与经销商做出双边专用资产投资之后,彼此之间的依赖性增加,而双方的依赖性越强,双方越能锁定合作关系,而且越能促进信任的产生和维持。另外,在合作社与经销商的合作过程中,因为土地、厂房和设备等资产专用性投资具有不可转移性,一方投入的交易专有资产越大,结束合作关系给它造成的损失就越大,这就相当于以交易专有资产做抵押而换得对方的信任,双方都害怕结束合作带来的损失会很大,不敢轻易承诺,因此资产专用性投资对承诺没有产生显著影响。

其次,在农产品流通中,合作社与经销商双方的共享价值与渠道信任和满意之间存在显著的正相关关系,但共享价值对渠道承诺的影响不显著。这表明,在农产品流通过程中,双方为了使产销更好地对接,减少农产品在流通渠道中的损失,开展订单农业,双方具有长期目标,有共同的价值观,容易形成信任关系。另外,在农产品流通过程中,如果合作社与经销商双方的私交好,具有长期的业务往来关系,有利于提高双方的满意度,进而促进关系的良性循环。但是,在农产品流通过程中,合作社与经销商的合作都是短期行为,双方的文化水平都不高,没有长久的愿景,当农产品的价格有波动时,双方都倾向于违约,短期利益大于长期利益,通常不签合同,因而共享价值对承诺没有产生显著的影响。

最后,在农产品流通中,合作社与经销商双方的沟通与渠道信任、渠道满意之间存在显著的正相关关系。这表明，在合作社与经销商的合作中，农产品价格波动大，良好的沟通会对信任产生促进作用。另外，合作社与经销商的沟通与信任还会产生互动作用，双方的相互信任水平越高，越倾向于加强沟通，而反过来相互间的沟通又有利于加强双方之间的相互信任。同时，合作社与经销商之间较高的沟通质量和效果，使双方都能获得更加完整的农产品市场信息，有利于促进双方满意度的提升，加快农产品流通。

第三，在农产品流通渠道中，合作社与经销商之间的渠道关系质量内部的三个维度（信任、满意和承诺）之间互相影响，其中信任对承诺具有正面影响，满意对承诺的影响不显著。

渠道关系质量内部的三个维度（信任、满意和承诺）之间互相影响，但影响程度各不相同。研究发现：一方面，在农产品流通渠道中，合作社与经销商之间的信任对承诺具有正面影响。这表明，在农产品流通渠道中，合作社与经销商之间达成高度的信任有利于承诺的实现。在合作社与经销商的合作中，通常的承诺体现为口头承诺、书面承诺和行为承诺三种方式，其中，与个体商贩和批发市场的合作通常采用口头承诺，与超市或者大企业的合作通常采用的是书面承诺，与关系较好的代理商合作采用的是行为承诺。另一方面，在农产品流通渠道中，合作社与经销商之间的满意对承诺影响不显著。这是因为，农产品的生产和销售具有特殊性，价格波动也很大，无论是个人还是组织都不可能轻易付出承诺，这是因为承诺具有潜在的伤害和牺牲，除非信任已先建立，而满意可以通过信任影响承诺。当前国内的农产品销售环境不稳定，合作社与经销商之间多数没有实现组织化和规模化，短期交易居多，渠道整体承诺水平低。因此双方即使满意度再强，也很难影响到承诺。

第四，在农产品流通渠道中，合作社与经销商的渠道关系质量对渠道合作产生显著影响。

本书依据 Smith 以及 Varki、Brodie 的研究成果，将渠道关系质量划分为信任、承诺和满意三个维度，在农产品流通渠道中，探讨合作社与经销商之间的渠道关系质量对渠道合作的影响。研究发现，渠道关系质量的三个维度（信任、承诺和满意）都对渠道合作产生显著正面影响，影响程度为信任＞承诺＞满意。这表明，在农产品流程过程中，口头承诺或书面承诺的达成，有利于减少合作社与经销商的机会主义，减少违约，促进合作。另外，合作社与经销商双方低度的满意会阻碍士气，影响合作，同时高的满意度，能缩小成员之间的分歧，减少冲突。

第五，在合作社与经销商之间的渠道关系运行中，渠道关系质量是渠道关系行为作用于渠道合作的传导机制。

第7章 结论与未来研究设想

本书探讨了农产品流通渠道中合作社与经销商之间渠道关系的运行机理，构建"渠道关系行为—渠道关系质量—渠道合作"的概念模型，以290个合作社为样本，运用结构方程，通过四步的逐步分析法，检验渠道关系质量的中介效应。研究发现，渠道关系行为的三个维度（沟通、共享价值和资产专用性投入），作用于渠道合作的路径不同，但总体来看，渠道关系质量的每个维度都起到了一定的中介作用。具体来说，沟通通过信任和满意来影响渠道合作；共享价值通过满意和信任来影响合作；资产专用性通过信任和承诺来影响渠道合作。这表明，在合作社与经销商的合作过程中，二者的渠道关系行为本身并不能直接促进渠道合作意愿的产生，而需要对渠道的信任、满意和承诺产生影响，才能促成渠道合作。因此，在合作社与经销商的合作过程中，渠道关系质量是渠道关系行为作用于渠道合作的内在机制。

第六，在农产品流通渠道中，合作社与经销商之间的正面关系行为（高度共享价值和资产专用性）和负面关系行为（沟通不畅、机会主义行为）分别对信任造成不同影响；同时，双方的信任、承诺具有互动性。

本书运用多案例研究方法，以内蒙古自治区为例，针对农区、牧区以及半农半牧地区的典型合作社进行深度访谈，通过受访者的描述，展示了农产品流通渠道中合作社与经销商关系的实际表现和行为细节。研究发现：

首先，在合作社与经销商的渠道对偶关系中，沟通不畅和机会主义会对信任产生负面影响。这意味着合作社有必要加强与超市等经销商的沟通质量和沟通频率，它将有助于提升合作社和经销商的信息共享水平，减少"牛鞭效应"，进而增加合作社竞争能力。另外，合作社要扩大自身规模，在渠道控制中处于主导地位，才能规避对方的机会主义行为。

其次，在合作社与经销商的渠道对偶关系中，提升共享价值和增加资产专用性的投入会对渠道信任产生正向影响。这表明，土地、厂房等有形资产投入以及品牌、商标等无形资产专用性投入对投资主体要求较高，与普通农民相比，合作社资本相对充裕、管理经验丰富，一定程度的投资会增强对方的信任产生承诺，这会进一步加大合作社的资产专用性程度，形成互锁关系。另外，渠道成员之间进行合作，一方面要求能力和资源互相匹配，另一方面还要求渠道成员相互信任、目标兼容并践行允诺。通过访谈看到，党支部牵头的合作社有更强的凝聚力，在党支部的带领下，合作社成员具有共同的价值观，能分享伦理、习惯和规范，有利于增强成员之间的信任，促成合作。

最后，在合作社与经销商的渠道对偶关系中，双方的信任和承诺具有互动性，经销商的承诺行为会影响到合作社对经销商的信任，合作社的信任又影响其承诺意愿和承诺表达。这表明合作社与经销商可以通过构建相互信任机制，增强关系承诺水平，从而更好地维持关系的稳定性。

7.2 对策

农产品的生产、流通和消费，横跨第一产业、第二产业、第三产业，是永不衰败的朝阳产业和民生工程，在国民经济中起到重要作用。目前，我国农产品流通体系存在着产销不能有效对接、效率低下问题。作为流通渠道上游的合作社与下游的经销商如何进行有效合作，对于减少交易成本、提高流通效率意义重大。本书对农产品流通中合作社与经销商的合作关系展开分析，研究发现，合作社与经销商之间的渠道关系行为对渠道关系质量有显著影响，而渠道关系质量的各个维度又能有效地影响渠道合作。因此，本书的研究成果对于加强合作社与经销商的合作，有效实现产销对接，提升合作社在流通渠道中的竞争力有一定的启迪作用。

7.2.1 加强渠道关系行为

根据本书的研究结果，在农产品流通渠道中，合作社与经销商之间的渠道关系行为对渠道关系质量产生影响。高质量的沟通、高度的文化和价值观共享以及高度的资产专用性投入对于提高合作社与经销商之间的信任具有正向影响。影响程度为沟通＞资产专用性＞共享价值。此外，共享价值和沟通有利于双方满意度的提升。因此，合作社与经销商之间构建紧密的渠道关系，应考虑如下几个方面：

首先，提高沟通质量。良好的沟通会对信任产生促进作用，合作社与经销商的沟通与信任还会产生互动作用，双方的相互信任水平越高，越倾向于加强沟通，反过来相互间的沟通又有利于加强双方之间的相互信任。此外，沟通的质量与效果对渠道成员的满意程度有正向影响。合作社与经销商之间较高的沟通质量，使双方都能获得更加完整农产品市场信息，有利于促进农产品流通。目前，由于农村信息基础设施不完善阻碍了农业信息更广泛的传播，导致农产品的生产市场和消费市场分离，另外，由于合作社本身就不擅长使用各种媒体发布信息来销售其产品，农产品信息不能有效传播，导致了流通效率低下。因此，为避免生产、种植的盲目性，需要对农产品信息进行正确传导。具体应该做到如下几个方面：一是加强工具性沟通。合作社与经销商之间的工具性沟通，体现在农产品信息、促销信息和财务信息等方面。双方工具性沟通频繁，信息畅通无阻，可减少农产品流通渠道中的"牛鞭效应"，成员之间倾向于建立联盟，共享产销信息，实现双赢，获得关系租金。二是加强双方的社会性沟通。合作社与经销商之间的社会性沟通体现为私人交往和私人关系的建立等。合作社与经销商之间的社会性沟通越多，越有利于渠道成员之间的联合。三是建立高效的信息沟通平台，促进合作社与经销商的产销衔接，加强渠道合作。四是借助现代化的电子平台，发展电子商务，并且积极与经销商之间进行沟通，解决农产品流通不畅问题。

其次，提高资产专用性投资。双边专用性投资可为企业获得竞争优势提供不可缺少的资源，而企业在利用资源的过程中会导致关系信任的产生[①]，这种专用性投资有利于生产者和销售者建立可信度关系（王国才，2011；张钢和张东芳，2008）。在农产品流通过程中，合作社与经销商做出双边专用资产投资之后，会促进双方互相依赖，使双方的合作关系互锁，从而导致彼此信任度的增强。另外，合作社在与经销商的合作中，双方进行资产专用性投资，扩大规模和品牌，提升农产品的原产地效应，可为合作社获得竞争优势，也有利于合作社与经销商双方建立起紧密的合作关系，提升农产品的竞争力。经销商不仅仅是合作社的客户或者代理机构，合作社应不断加强资产专用性的投资，扩大规模，实现品牌效应，具体应该做到如下几个方面：一是对于有形资产进行投资，体现在厂房、设备以及品种的改良，扩大生产规模，形成规模效应。二是对于无形资产的投资，体现在提高品牌知名度、提升原产地效应，提高产品质量，实现质量可追溯，提升品牌效应。三是提升自身的资质，调动经销商的积极性，拉近双方的距离，达成长期目标，增强经销商对合作社的信任。四是重视技术培训，加强合作社人才队伍的建设，吸引和招纳高素质人才，提高营销意识。同时，对合作社成员进行长期或者不定期的专业知识培训，要由上向下、由下到上全方位地培训，逐步形成知识化、组织化、梯度化、规模化。

最后，提高双方的共享价值。当一个社群具有同样的价值观，建立起相互的期望，社群的信任就会提升。在农产品流通过程中，如果合作社与经销商双方的私下关系好，具有长期共同目标，有利于提高双方的满意度，进而促进关系的良性循环。在现实中，合作社的成员是农民，文化程度普遍不高，在与经销商的合作中，双方的文化水平差异性很大，这将影响到渠道关系的建立以及双方信任与承诺的互动，而且双方价值观不能趋同，不能达成共识，容易引起冲突，从而降低整个农产品渠道的效率。所以，在农产品流通的源头，即在合作社与下游经销商之间的合作过程中，应该做到如下几个方面：一是应该加强双方的价值观共享和明确共同目标，开展订单农业，进行长期合作，有利于形成长期目标和共同的价值观，形成信任关系。二是有意识地采用双方都能理解的文化价值观和沟通方式，也有利于双方长期合作关系的建立和保持。三是以合同的方式来明确双方的

---

① 王国才，刘栋，王希凤. 营销渠道中双边专用性投资对合作创新绩效影响的实证研究［J］. 南开管理评论，2011（6）：85-94.

责任、义务以及违约后的惩罚,双方应该认真履行,互相监督。四是双方应该不断适应,共同应对市场风险,在双方利益发生冲突时,应该注重沟通,以长期合作为预期,互相协调,目标一致。

7.2.2 提升渠道关系质量

本书的实证研究结果表明,在合作社与经销商的合作过程中,渠道关系行为对渠道合作没有直接影响,需要间接通过渠道关系质量才能发挥作用。同时,我们发现渠道关系质量的三个维度(信任、承诺、满意)对渠道合作产生正向影响,影响显著,影响程度为信任>承诺>满意。因此,渠道关系质量是渠道关系行为作用于渠道合作的内在机制,为实现农产品流通渠道中合作社与经销商的紧密合作,应该从提升双方的渠道信任、渠道承诺、渠道满意入手。

首先,建立相互的信任机制。如果双方达到高度信任,可以节约谈判成本,简化烦琐的合同制定、监督与执行过程,解决双方矛盾,提升双方的满意度,提高合作水平。在农产品流通渠道中,只有合作社与经销商双方达成高度的信任,当农产品价格出现波动时,双方才会为了长期利益放弃短期利益,采取合作。本书通过案例研究发现,在农产品流通渠道的对偶关系中,合作社与经销商的渠道信任和渠道承诺具有互动性,经销商的承诺行为会影响到合作社对经销商的信任,合作社信任又影响其承诺意愿和承诺表达。因此,合作社与经销商可以通过构建相互信任机制而增强关系承诺水平,从而更好地维持关系的稳定性。

其次,加强承诺的表达。在农产品流通过程中,口头承诺或书面承诺的达成有利于减少合作社与经销商的机会主义,减少违约,促进合作。在合作社与经销商的合作中,尽量达成承诺,可以采取口头承诺、书面承诺和行为承诺三种方式。

最后,提升满意度。合作社与经销商双方低度的满意会阻碍士气,影响合作,同时高的满意度,能缩小成员之间的分歧,减少冲突。本书的实证研究结果表明,共享价值的提升和高质量的沟通对增强满意度有显著影响,影响程度为共享价值>沟通。因此,满意度的提升,要从实现双方的价值共享和加强沟通入手,其中价值共享要优先实现。

7.3 研究局限与未来设想

7.3.1 研究局限

尽管本书丰富了合作社的理论体系,将渠道关系研究拓展到合作社层面,对

构建高效农产品流通渠道以及指导合作社进行渠道管理有一定的理论意义和实践价值,但仍存在以下不足:

第一,数据采集的范围有限。由于受到问卷收集难度的局限,问卷的数量和范围较少。截至2013年底,全国农民专业合作社总数达88.4万个,[①] 本书调研了520家,而且样本只针对内蒙古地区,这对结果推广有一定的影响。

第二,调查对象的限制。本书研究的是农产品流通渠道中合作社与经销商的关系,受到调研难度的限制,仅调研了合作社一方,考察的是合作社与下游经销商的单边关系,对于考察对偶关系有一定的影响。

第三,变量测量有限。本书考察了合作社与经销商的渠道关系,渠道关系是动态变化的,会受到诸多变量的影响,本书仅涵盖了信任、承诺、满意、资产专用性、共享价值和沟通七个变量,前置变量和结果变量可以继续丰富。

7.3.2 未来展望

基于以上的局限性,未来的研究设想如下:

第一,拓展研究范围。未来的研究还可以在全国范围内进行调研,选取东部地区和西部地区进行对比分析;也可推广到其他行业,利用其他行业的数据来检验本书的理论模型及研究假设,进行研究结论的推广。

第二,研究对象的拓展。未来的研究还可同时从农户和经销商、超市等角度收集数据,考察渠道对偶关系。

第三,丰富研究变量。未来的研究加入渠道权力、合作绩效等变量,构建更复杂的动态模型,考察渠道动态关系。

---

① 农业部农村经济体制与经营管理司. 全国农村经营管理统计资料(2013)[M]. 北京:中国农业出版社,2013.

附 录

附录1 调查问卷

农产品流通渠道中合作社与经销商关系调查问卷

您好！这是一份学术研究型调查问卷，目的是了解合作社与下游经销商的合作关系，反映不同合作社的看法和意见，为政府和相关机构提供决策参考。本问卷资料仅用于学术研究。我们诚挚地邀请贵合作社参与该调查，希望得到您的配合与支持。

谢谢您的合作！

填写说明：

1. 如果您填写的是电子版问卷，请将所选择的数字涂黑，在表格选项中相应的空格画"√"。

2. 为了保证结果的有效性，请您将全部问题如实答完，如果对其中某些含义的理解有疑问或者希望得到本书的分析结果，请告知联系本人。

合作社的全称：

调查问卷填写人：　　　　　　　　职务：

年龄：　　　　　　　　　　　　　所在地：

联系电话：　　　　　　　　　　　电子邮箱：

一、合作社基本情况：

1. 贵合作社成立年限：（　　）
A. 3年以下　　　　　　　　　　B. 4~6年

C. 7~10年 D. 10年以上

2. 组织是到以下哪个机构注册的？（   ）
   A. 工商部门 B. 民政部门
   C. 农业部门 D. 科协
   E. 供销机构

3. 组织是如何组建的？（   ）
   A. 直接发起建立 B. 由专业协会演变而来
   C. 由供销社演变而来 D. 依托企业而建
   E. 由基层合作社组建的联合社 F. 其他

4. 合作社是由哪个主体牵头组建的？（   ）
   A. 农业部门 B. 供销合作部门
   C. 龙头企业 D. 基层组织或村委会
   E. 农技部门 F. 农村能人
   G. 农民自办口 H. 其他

5. 贵合作社的类型：（   ）
   （1）按生产类型分（   ）：
   A. 生产企业 B. 加工企业
   C. 贸易企业 D. 服务型企业
   E. 其他
   （2）按行业类型分（   ）：
   A. 粮食 B. 畜禽及肉制品
   C. 水产品 D. 蔬菜、水果
   E. 蛋品和奶制品 F. 其他

6. 组织具备以下哪些产后服务能力？（可多选）（   ）
   A. 初加工能力 B. 贮藏能力
   C. 保鲜能力 D. 运销能力
   E. 其他

7. 组织是否通过了无公害农产品产地认定？
   A. 是否取得了无公害农产品认证？（是　否）
   B. 是否通过了绿色食品、有机食品的认证？（是　否）

8. 贵合作社经营业务的规模是（   ）。
   A. 低于50万元 B. 50万~100万元
   C. 100万~500万元 D. 500万~1000万元
   E. 1000万~3000万元 F. 3000万~5000万元

G. 5000万~8000万元　　　　　　H. 8000万~1亿元

I. 超过1亿元

9. 贵合作社的主要采用的合作方式是（　　）。

A. 口头交易　　　　　　　　　B. 合同方式

C. 建立企业联盟

D. 纵向一体化（例如自建原料基地、销售企业等）

10. 您所在合作社与主要经销商合作的年限（　　）。

A. 1年以下　　　　　　　　　B. 1~2年内

C. 2~5年内　　　　　　　　　D. 5年以上

二、合作社与经销商的关系行为

请在下列关系中指出您赞同或不赞同的程度：1. 非常不同意；2. 不同意；3. 不同意也不反对；4. 同意；5. 非常同意

序号		考虑因素	非常不同意←→非常同意
沟通	1	对方会让我们知道新的业务	① ② ③ ④ ⑤ ⑥ ⑦
	2	对方会提供回馈	① ② ③ ④ ⑤ ⑥ ⑦
	3	只要对另一方有帮助，我们双方都愿意提供自己的专有信息	① ② ③ ④ ⑤ ⑥ ⑦
	4	当发生了有可能对另一方产生影响的事件和变化时，我们双方会相互通报	① ② ③ ④ ⑤ ⑥ ⑦
	5	双方频繁通过正式或非正式渠道交换信息	① ② ③ ④ ⑤ ⑥ ⑦
共享价值	6	双方作风相互妥协	① ② ③ ④ ⑤ ⑥ ⑦
	7	员工是实事求是	① ② ③ ④ ⑤ ⑥ ⑦
	8	我们非常关注合作伙伴的利益	① ② ③ ④ ⑤ ⑥ ⑦
	9	为了关系的成功，常常需要有共同的目标与政策	① ② ③ ④ ⑤ ⑥ ⑦
资产专用性	10	双方为了业务联系均对自己的销售进行了改进	① ② ③ ④ ⑤ ⑥ ⑦
	11	双方为了合作均投入了大量金钱和时间进行培训	① ② ③ ④ ⑤ ⑥ ⑦
	12	如果关系结束与对方有关的投资均会受损	① ② ③ ④ ⑤ ⑥ ⑦
	13	对方在产品、服务、交货方式、付款方式等方面做出较大改变来适应我们	① ② ③ ④ ⑤ ⑥ ⑦

三、合作社与经销商的关系质量

序号		考虑因素	非常不同意←→非常同意
信任	14	我们非常信任我们的合作伙伴	① ② ③ ④ ⑤ ⑥ ⑦
	15	对方总是信守承诺	① ② ③ ④ ⑤ ⑥ ⑦
	16	对方做重要决策时考虑我们的利益	① ② ③ ④ ⑤ ⑥ ⑦
	17	对方非常诚实可靠	① ② ③ ④ ⑤ ⑥ ⑦
	18	对方认为我们的成功是重要的	① ② ③ ④ ⑤ ⑥ ⑦
	19	即使出现不利于我们的情况（比如合同不完备、信息不对称），对方也不会利用此弱点	① ② ③ ④ ⑤ ⑥ ⑦
	20	对方为了帮助我们愿意做出牺牲	① ② ③ ④ ⑤ ⑥ ⑦
承诺	21	我们与对方有稳定合同关系	① ② ③ ④ ⑤ ⑥ ⑦
	22	我们打算保持和发展这种关系	① ② ③ ④ ⑤ ⑥ ⑦
	23	我们很满意与对方的合作	① ② ③ ④ ⑤ ⑥ ⑦
	24	我们愿意投入更多物力来发展合作关系	① ② ③ ④ ⑤ ⑥ ⑦
	25	我们愿意花费时间来维系合作关系	① ② ③ ④ ⑤ ⑥ ⑦
满意	26	即使有机会与别人交易，我也不会停止和对方交易	① ② ③ ④ ⑤ ⑥ ⑦
	27	相比我们的期望，我们非常满意对方目前的表现	① ② ③ ④ ⑤ ⑥ ⑦
	28	我们与对方的合作非常愉快	① ② ③ ④ ⑤ ⑥ ⑦
	29	和对方的合作能给我们带来很好的效益	① ② ③ ④ ⑤ ⑥ ⑦
	30	双方的互动是在相互尊重的基础之上，对方会很有技巧地表达对我方的批评和意见	① ② ③ ④ ⑤ ⑥ ⑦

四、合作社与经销商合作情况

序号		考虑因素	非常不同意←→非常同意
信任	31	我经常推荐其他人和对方做生意	① ② ③ ④ ⑤ ⑥ ⑦
	32	对方了解我们的业务战略，我们已经建立紧密的业务伙伴关系	① ② ③ ④ ⑤ ⑥ ⑦
	33	我方在质量管理实践方面与对方进行广泛合作	① ② ③ ④ ⑤ ⑥ ⑦

问卷到此结束，感谢您的认真参与。

附录 2 标准化后的统计数据

省市自治区	农民专业合作社数量	农民专业合作社成员数	合作社经营收入	实施标准化生产的合作社数	农业主管部门认定为示范社的合作社数	拥有注册商标的合作社数	专业大户及家庭农场成员数	企业成员数	统一组织销售农产品总值	统一组织购买农业生产投入品总值	当年获得财政扶持资金的合作社数	各级财政专项扶持资金总额	农民专业合作社带动非成员农户数	基层农技服务组织	培训成员数
青海	-1.159	-0.658	-0.221	-0.958	-0.956	-0.930	-0.611	-0.690	-0.659	-0.610	-1.171	-0.807	-1.150	-0.793	-0.716
宁夏	-1.184	-0.723	-0.549	-0.551	-1.006	-0.886	-0.426	-0.705	-0.704	-0.639	-1.105	-0.676	-1.155	-0.532	-0.818
北京	1.295	0.510	-0.511	0.062	-0.114	0.180	-0.282	-0.052	0.194	-0.135	-0.325	-0.005	0.956	0.529	0.375
海南	1.498	-0.257	-0.254	0.141	2.285	0.397	-0.502	-0.616	-0.637	-0.615	0.529	-0.459	-0.294	-0.496	-0.595
天津	0.123	-0.499	-0.735	-0.756	-0.802	-0.574	-0.481	-0.606	-0.694	-0.694	-0.948	-0.512	-0.856	-0.482	-0.805
新疆	-0.121	-0.192	-0.351	-0.330	-0.456	-0.070	-0.394	-0.360	-0.311	-0.323	-0.840	-0.702	-0.376	-0.504	-0.123
内蒙古	0.550	-0.382	-0.303	-0.566	-0.563	-0.227	-0.552	-0.533	-0.735	-0.578	-0.502	-0.638	-0.730	-0.478	-0.601
贵州	0.039	-0.194	-0.061	-0.662	-0.635	-0.523	-0.424	-0.538	-0.326	0.715	-0.997	1.346	-0.775	-0.712	-0.634
广西	1.572	4.529	3.468	1.953	1.917	2.981	4.602	3.566	3.238	3.503	2.147	3.914	1.574	3.807	3.402
云南	0.328	-0.275	2.392	1.698	1.931	1.849	-0.354	-0.554	0.695	0.483	2.949	2.241	1.252	-0.380	0.216

续表

省市自治区	农民专业合作社数量	农民专业合作社成员数	合作社经营收入	实施标准化生产的合作社数	农业主管部门认定为示范社的	拥有注册商标的合作社数	专业大户及家庭农场成员数	企业成员数	统一组织销售农产品总值	统一组织购买农业生产投入品总值	当年获得财政扶持资金的合作社数	各级财政专项扶持资金总额	农民专业合作社带动非成员农户数	基层农技服务组织	培训成员数
福建	0.536	0.413	0.341	-0.083	0.430	0.713	0.351	-0.217	0.498	0.440	1.256	0.300	1.842	0.706	0.366
吉林	-0.494	-0.534	-0.336	-0.421	-0.511	-0.062	-0.419	-0.457	-0.345	-0.271	-0.311	-0.473	-0.788	-0.562	-0.677
甘肃	-0.201	-0.192	0.121	0.520	0.068	-0.225	-0.002	-0.026	-0.117	-0.177	0.427	-0.346	-0.322	-0.018	-0.214
辽宁	2.964	1.116	1.682	2.024	2.015	2.460	0.034	0.711	2.288	1.993	0.547	-0.116	1.630	1.519	2.266
黑龙江	1.526	0.727	0.589	1.764	1.672	0.567	0.553	2.471	0.772	1.502	0.663	0.096	1.362	1.445	0.598
广东	0.276	0.287	0.714	0.499	0.152	0.528	0.139	0.634	1.341	1.318	0.590	0.001	0.658	0.867	0.397
山西	-0.343	0.161	0.483	-0.180	-0.164	0.263	1.009	1.269	1.422	0.191	1.179	-0.002	0.179	0.218	0.179
陕西	-0.311	-0.543	0.265	-0.816	0.266	-0.858	-0.201	1.131	-0.270	-0.244	0.603	0.327	-0.213	-0.434	-0.071
江西	-0.775	-0.540	-0.437	-0.660	-0.564	-0.824	-0.250	-0.580	-0.442	-0.153	-0.647	-0.434	-0.517	-0.569	-0.384
重庆	-0.933	-0.679	-0.862	-0.638	-0.997	-0.724	-0.589	-0.618	-0.817	-0.791	-0.711	-0.397	-1.149	-0.611	-0.812
河北	-0.552	0.636	-0.297	2.409	-0.638	-0.298	0.306	-0.436	-0.489	-0.558	0.711	0.392	0.426	-0.006	0.537
湖南	0.245	0.410	-0.760	0.152	0.394	0.718	0.312	0.113	0.470	0.421	-0.151	0.434	2.018	1.179	1.789
安徽	-0.799	-0.482	-0.748	-0.565	-0.578	-0.722	-0.434	-0.172	-0.762	-0.772	-0.156	-0.190	-0.321	-0.414	-0.440
湖北	-0.467	-0.244	-0.631	-0.793	-0.631	-0.600	-0.452	-0.531	-0.512	-0.653	-0.689	-0.588	-0.283	-0.514	-0.005
四川	-0.287	-0.091	-0.253	-0.472	0.070	-0.078	1.095	-0.259	-0.361	-0.644	-0.089	-0.117	0.304	0.021	-0.221
浙江	-0.048	-0.415	-0.494	-0.379	-0.323	-0.492	-0.365	-0.189	-0.370	-0.406	-0.691	-0.684	-0.348	-0.520	-0.428
河南	-1.153	-0.615	-0.841	-1.034	-0.710	-0.957	-0.577	-0.579	-0.920	-0.844	-0.856	-0.661	-1.145	-0.788	-0.950
山东	-1.265	-0.689	-0.784	-0.800	-0.870	-0.938	-0.575	-0.710	-0.779	-0.804	-0.661	-0.773	-0.985	-0.750	-0.798
江苏	-0.859	-0.585	-0.630	-0.558	-0.682	-0.669	-0.511	-0.465	-0.668	-0.654	-0.752	-0.471	-0.794	-0.726	-0.832

参考文献

[1] [美] 伯特·罗森布罗姆. 营销渠道管理 [M]. 机械工业出版社, 2003.

[2] 安玉发. 发展新型产销对接模式, 稳定鲜活农产品价格——"农超对接"及流通渠道多元化的思考 [J]. 中国农民合作社, 2011 (8): 24-25.

[3] 蔡文菁, 杨慧. 龙头企业与农户渠道关系治理机制创新——以心理契约为视角 [J]. 江西社会科学, 2014 (1): 215-221.

[4] 曹艳爱, 欧晓明. 交易成本视角下"农户+公司"的农产品渠道关系稳定性分析 [J]. 商业时代, 2014 (5): 58-60.

[5] 陈高森, 骆守俭, 史央群, 李朦, 吴莺吟. 零售业长期关系导向与信任和承诺的关系研究 [J]. 华东经济管理, 2007 (10): 47-52.

[6] 陈伟, 张旭梅. 供应链中企业组织学习能力对合作绩效的影响——以知识获取为中介变量的实证研究 [J]. 商业经济与管理, 2009 (8): 36-42.

[7] 董维维, 庄贵军. 关系营销导向, 关系状态与营销渠道中跨组织协调行为 [J]. 软科学, 2013 (12): 31-35.

[8] 董维维, 庄贵军. 中国营销渠道中关系营销导向对企业关系型治理的影响 [J]. 管理学报, 2013 (10): 1520-1527.

[9] 符少玲, 王升. 涉农供应链伙伴关系, 合作绩效和合作稳定性的关系研究 [J]. 情报杂志, 2008 (6): 38-42.

[10] 傅晨. 中国农村合作经济: 组织形式与制度变迁 [M]. 中国经济出版社, 2006.

[11] 郭红东, 杨海舟, 张若健. 影响农民专业合作社社员对社长信任的因素分析——基于浙江省部分社员的调查 [J]. 中国农村经济, 2008 (8): 52-60.

[12] 贺和平. 营销渠道中公平、信任、承诺之间的关系——基于供零关系的实证研究 [J]. 技术经济与管理研究, 2011 (1): 60-64.

[13] 侯淑霞,钟敏,潘斌. 纵向组织关系与营销渠道——基于乳品产业的研究 [M]. 经济管理出版社,2011.

[14] 黄珺. 信任与农户合作需求影响因素分析 [J]. 农业经济问题,2009 (8): 45-49.

[15] 黄胜忠. 农业合作社的环境适应性分析 [J]. 中国合作社经济评论,2010 (1): 40-49.

[16] 黄胜忠. 转型时期农民专业合作社的组织行为研究:基于成员异质性的视角 [M]. 杭州:浙江大学出版社,2008.

[17] 江波,吴秀敏. 农产品供应链垂直协作方式的选择——基于资产专用性维度的分析 [J]. 农村经济,2008 (3): 42-44.

[18] 蒋晓荣,李随成. 企业—供应商关系承诺影响因素探索性研究 [J]. 管理评论,2014 (8): 188-199+208.

[19] 蒋晓荣,李随成. 制造商—供应商关系承诺形成及对合作行为影响 [J]. 经济管理,2012 (5): 153-162.

[20] 孔祥智,张小林,庞晓鹏,马九杰. 陕、宁、川农民合作经济组织的作用及制约因素调查 [J]. 经济理论与经济管理,2005 (6): 52-57.

[21] 李崇光,胡华平. 论生鲜农产品垂直渠道关系整合 [J]. 中国流通经济,2009 (6): 77-80.

[22] 李春成,李崇光. 营销渠道变革与范式演进研究述评 [J]. 华东经济管理,2008 (2): 135-138.

[23] 李连英,李崇光. 蔬菜纵向渠道关系整合研究——基于270份调查问卷分析 [J]. 农业经济问题,2012 (11): 54-59.

[24] 李彤. 农民专业合作社与农产品流通中的权力平衡 [J]. 产业与科技论坛,2011 (17): 33-34.

[25] 李雪欣,李玉龙. 大型零售企业与供应商合作关系演进——基于渠道关系生命周期视角 [J]. 经济与管理研究,2012 (3): 122-128.

[26] 廖成林. 虚拟营销中信任关系的影响因素与机制 [J]. 管理世界,2004 (6): 149-150.

[27] 林毅夫. 关于制度变迁的经济学理论:诱致性制度变迁与强制性制度变迁 [M]. 上海人民出版社,1994.

[28] 刘洁,祁春节,陈新华. 农民专业合作社契约模式选择的影响因素分析——基于江西赣州98家合作社企业的实证研究 [J]. 经济经纬,2012 (5): 27-32.

[29] 刘军. 农民专业合作社发展与农产品流通体系建设 [J]. 农村经营管

理，2007（6）：19-20.

[30] 刘宇翔，王征兵. 芬兰合作社管理的分析与借鉴：影响农民参与组织管理的因素研究 [J]. 农业经济问题，2009（3）：103-109.

[31] 刘宇翔. 农民专业合作社发展中信任的影响因素分析——以陕西省为例 [J]. 农业经济问题，2012（9）：64-69.

[32] 卢 E. 佩尔顿，戴维·斯特拉顿，詹姆斯 R. 伦普金. 营销渠道：一种关系管理方法 [M]. 张永强，彭敬巧译. 机械工业出版社，2004.

[33] 陆芝青，王方华. 营销渠道变革的作用机理研究 [J]. 上海经济研究，2004（4）：67-73.

[34] 吕鸿江，刘洪，陶厚永. 组织适应性驱动因素探析 [J]. 外国经济与管理，2008（10）：47-53.

[35] 梅玉. 基于渠道关系质量的渠道冲突管理策略 [J]. 现代商业，2013（34）：151-153.

[36] 潘文安，骆李佳. 中小企业技术联盟成员之间信任，关系承诺与合作绩效——基于浙江地区产业集群实证研究 [J]. 科技管理研究，2013（3）：175-179.

[37] 潘文安，张红. 供应链伙伴间的信任，承诺对合作绩效的影响 [J]. 心理科学，2007（6）：1502-1506.

[38] 乔榛，焦方义，李楠. 中国农村经济制度变迁与农业增长 [J]. 经济研究，2006（7）：73-82.

[39] 邵俊岗. 我国农业的制度变迁与技术变化 [J]. 经济经纬，2003（1）：46-48.

[40] 施晟，卫龙宝，伍骏骞. "农超对接"进程中农产品供应链的合作绩效与剩余分配——基于"农户+合作社+超市"模式的分析 [J]. 中国农村观察，2012（4）：14-28+92-93.

[41] 宋茂华. 资产专用性、纵向一体化和农民专业合作社——对公司领办型合作社的解析 [J]. 经济经纬，2013（5）：35-41.

[42] 宋智勇. 经济组织多样性的原因——基于交易费用与演化博弈论范式的比较分析 [J]. 河北经贸大学学报，2008（4）：11-16.

[43] 汤伟，季海亮，周洁，曹瀚，刘谨谨. 基于渠道角色定位角度探究农民专业合作社的发展 [J]. 农家之友（理论版），2010（3）：20-22.

[44] 王朝辉. 营销渠道理论前沿与渠道管理新发展 [J]. 中央财经大学学报，2003（8）：64-68.

[45] 王桂林，庄贵军. 中国营销渠道中企业间信任的概念模型 [J]. 当代

经济科学，2004（1）：39-43.

[46] 王国才，刘栋，王希凤. 营销渠道中双边专用性投资对合作创新绩效影响的实证研究 [J]. 南开管理评论，2011（6）：85-94.

[47] 王津港，赵晓飞. 基于关系租金视角的营销渠道模式选择谱系及案例研究 [J]. 管理评论，2010（1）：68-75.

[48] 王如珍. 合作经济组织在农产品流通中的作用研究 [J]. 中国合作经济，2012（12）：49-52.

[49] 武志伟，陈莹. 关系公平性、企业间信任与合作绩效——基于中国企业的实证研究 [J]. 科学学与科学技术管理，2010（11）：143-149.

[50] 武志伟，陈莹. 关系专用性投资，关系质量与合作绩效 [J]. 预测，2008（5）：33-37.

[51] 徐健，张闯，夏春玉. 契约型渠道关系中农户违约倾向研究——基于社会网络理论和渠道行为理论的视角 [J]. 财经问题研究，2012（2）：97-103.

[52] 徐可，何桢，王瑞. 供应链关系质量与企业创新价值链——知识螺旋和供应链整合的作用 [J]. 南开管理评论，2015（1）：108-117.

[53] 徐旭初. 中国农民专业合作经济组织的制度分析 [M]. 经济科学出版社，2005.

[54] 杨水利，郑建志，李韬奋. 动态能力关系质量与合作绩效实证研究 [J]. 经济管理，2009（19）：133-138.

[55] 杨晓宇. 农民专业合作社在农产品流通中的作用——以黑龙江省为例 [J]. 科技创新与应用，2012（4）：207-207.

[56] 叶飞，徐学军. 供应链伙伴关系间信任与关系承诺对信息共享与运营绩效的影响 [J]. 系统工程理论与实践，2009（8）：36-49.

[57] 叶飞，薛运普. 关系承诺对信息共享与运营绩效的影响研究 [J]. 管理科学，2012（5）：41-51.

[58] 易丹辉. 结构方程模型：方法与应用 [M]. 中国人民大学出版社，2008.

[59] 俞芳. 农资代理商感知依赖对其渠道关系型治理影响的实证研究 [D]. 华中农业大学博士论文，2013.

[60] 袁华. 构建以合作组织为纽带的农产品流通渠道 [J]. 科技情报开发与经济，2005（5）：140-141.

[61] 曾寅初. 农产品流通的制度变迁——制度变迁过程的描述性分析 [J]. WTO与东亚农业发展国际学术研讨会，2004.

[62] 张闯，夏春玉. 农产品流通渠道：权力结构与组织体系的构建 [J].

农业经济问题, 2005 (7): 28-35.

[63] 张喜才. 农民专业合作社的农产品流通链条及销售渠道 [J]. 中国合作经济, 2012 (8): 59-62.

[64] 赵晓飞, 李崇光. 农产品流通渠道变革: 演进规律, 动力机制与发展趋势 [J]. 管理世界, 2012 (3): 81-95.

[65] 周殿昆. 农产品流通与农民合作社发展相关性分析 [J]. 中国流通经济, 2010 (11): 31-34.

[66] 庄贵军, 周南, 周筱莲, 苏晨汀, 杨志林. 跨文化营销渠道中文化差异对企业间信任与承诺意愿的影响 [J]. 管理评论, 2009 (1): 67-76.

[67] 庄贵军, 周筱莲, 周南. 零售商与供应商之间依赖关系的实证研究 [J]. 商业经济与管理, 2006 (6): 20-25.

[68] 庄贵军, 周筱莲. 权力, 冲突与合作: 中国工商企业之间渠道行为的实证研究 [J]. 管理世界, 2002 (3): 117-124.

[69] 周峻岗, 尚杰. 基于不同流通模式的农产品流通效率评价研究 [J]. 安徽农业科学, 2015 (2): 317-325.

[70] 姜长云. 完善我国农产品流通政策的若干建议 [J]. 宏观经济管理, 2012 (8): 39-43.

[71] 胡保玲. 渠道关系治理研究综述 [J]. 市场营销导刊, 2008 (2): 34-38.

[72] 苏秦, 姜鹏, 谭昊. B to B 环境下的关系价值对关系质量影响的实证研究 [J]. 预测, 2010 (5): 1-8.

[73] 张晓山. 提高农民的组织化程度 积极推进农业产业化经营 [J]. 农村经营管理, 2003 (2): 8-9.

[74] 赵晓峰. 农民专业合作社制度演变中的"会员制"困境及其超越 [J]. 农业经济问题, 2015 (2): 27-33.

[75] 周春芳, 包宗顺. 农民专业合作社产权结构实证研究——以江苏省为例 [J]. 西北农林科技大学学报, 2010 (11): 14-18.

[76] Abdulquadri A. F. and Mohammed B. T. The Role of Agricultural Cooperatives in Agricultural Mechanization in Nigeria [J]. World Journal of Agricultural Sciences, 2012, 8 (5): 537-539.

[77] Ambler T. and Styles C. The Future of Relational Research in International Marketing: Constructs and Conduits [J]. International Marketing Review, 2000, 17 (6): 492-508.

[78] Andaleeb S. S. An Experimental Investigation of Satisfaction and Commit-

ment in Marketing Channels: The Role of Trust and Dependence [J]. Journal of Retailing, 1996, 72 (1): 77 – 93.

[79] Anderson E. and Weitz B. The Use of Pledges to Build and Sustain Commitment in Distribution Channels [J]. Journal of Marketing Research, 1992, 29 (1): 18 – 34.

[80] Anderson J. C. and Gerbing D. W.. The Evaluation of Cooperative Performance [J]. Journal of Business Logistic, 1999, 19 (2): 69 – 82.

[81] Anderson J. C. and Narus J. A. A Model of Distributor Firm and Manufacturer Firm Working Partnerships [J]. The Journal of Marketing, 1990, 54 (1): 42 – 58.

[82] Arayesh B. and Branch I. Identifying the Factors Affecting the Participation of Agricultural Cooperatives' Members [J]. American Journal of Agricultural and Biological Sciences, 2011, 6 (4): 560 – 566.

[83] Aref F. Agricultural Cooperatives for Agricultural Development in Iran [J]. Life Science Journal, 2011, 8 (1): 82 – 85.

[84] Ariyaratne C. B., Featherstone A. M., Langemeier M. R. and Barton D. G. Measuring X – efficiency and Scale Efficiency for a Sample of Agricultural Cooperatives [J]. Agricultural and Resource Economics Review, 2000, 29 (2): 198 – 207.

[85] Aulakh P. S., Kotabe M. and Sahay A. Trust and Performance in Cross – border Marketing Partnerships: A Behavioral Approach [J]. Journal of International Business Studies, 1996, 27 (5): 1005 – 1032.

[86] Baker G., Gibbons R. and Murphy K. J. Relational Contracts in Strategic Alliances [J]. Working paper, 2002.

[87] Baker T. L., Simpson P. M. and Siguaw J. A. The Impact of Suppliers' Perceptions of Reseller Market Orientation on Key Relationship Constructs [J]. Journal of the Academy of Marketing Science, 1999, 27 (1): 50 – 57.

[88] Bejou D., Wray B. and Ingram T. N. Determinants of Relationship Quality: an Artificial Neural Network Analysis [J]. Journal of Business Research, 1996, 36 (2): 137 – 143.

[89] Bhuyan S. and Leistritz F. L. An Examination of Characteristics and Determinants of Success of Cooperatives in the Non – agricultural Sectors [J]. Journal of Cooperatives, 2001, 16: 45 – 62.

[90] Bijman J., Hendrikse G. and Oijen A. Accommodating two worlds in One

Organization: Changing Board Models in Agricultural Cooperatives [J]. Managerial and Decision Economics, 2013, 34 (3 –5): 204 –217.

[91] Bijman J., Muradian R. and Cechin A. Agricultural Cooperatives and Value Chain Coordination [J]. Value Chains, Social Inclusion and Economic Development: Contrasting Theories and Realities, 2011: 82 –101.

[92] Buvik A. and Haugland S. A. The Allocation of Specific Assets, Relationship Duration, and Contractual Coordination in Buyer – seller Relationships [J]. Scandina – vian Journal of Management, 2005, 21 (1): 41 –60.

[93] Cachon G. P. and Lariviere M. A. Supply Chain Coordination with Revenue – sharing Contracts: Strengths and Limitations [J]. Management science, 2005, 51 (1): 30 –44.

[94] Chaddad F. R. and Cook M. L. Understanding New Cooperative Models: An Ownership – control Rights Typology [J]. Applied Economic Perspectives and Policy, 2004, 26 (3): 348 –360.

[95] Cook M. L. and Chaddad F. R. Redesigning Cooperative Boundaries: The Emergence of New Models [J]. American Journal of Agricultural Economics, 2004, 86 (5): 1249 –1253.

[96] Coote L. V., Forrest E. J. and Tam T. W. An Investigation into Commitment in Non – Western Industrial Marketing Relationships [J]. Industrial Marketing Management, 2003, 32 (7): 595 –604.

[97] Crosby L. A. and Stephens N. Effects of Relationship Marketing on Satisfaction, Retention, and Prices in the Life Insurance Industry [J]. Journal of Marketing Research, 1987, 24 (4): 404 –411.

[98] Crosby L. A., Evans K. R. and Cowles D. Relationship Quality in Services Selling: An Interpersonal Influence Perspective [J]. The Journal of Marketing, 1990, 54 (3): 68 –81.

[99] D'ambra J., Rice R. E. and O'connor M. Computer – mediated Communication and Media Preference: An Investigation of the Dimensionality of Perceived Task Equivocality and Media Richness [J]. Behaviour & Information Technology, 1998, 17 (3): 164 –174.

[100] de Moura Costa D. R., Chaddad F. and Furquim de Azevedo P. The Determinants of Ownership Structure: Evidence from Brazilian Agricultural Cooperatives [J]. Agribusiness, 2013, 29 (1): 62 –79.

[101] Di Falco S., Smale M. and Perrings C. The Role of Agricultural Coopera-

tives in Sustaining the Wheat Diversity and Productivity: the Case of Southern Italy [J]. Environmental and Resource Economics, 2008, 39 (2): 161 - 174.

[102] Dickinson S. and Ramaseshan B. An Investigation of the Antecedents to Cooperative Marketing Strategy Implementation [J]. Journal of Strategic Marketing, 2004, 12 (2): 71 - 95.

[103] Dincu A. M. Perspectives of Agricultural Cooperatives in Romania [J]. Scientific Papers Animal Science and Biotechnologies, 2013, 46 (1): 372 - 375.

[104] Doney P. M. and Cannon J. P. An Examination of the Nature of Trust in Buyer - seller Relationships [J]. The Journal of Marketing, 1997, 61 (2): 35 - 51.

[105] Etgar M. Sources and Types of Intra - channel Conflict [J]. Journal of Retailing, 1979, 55 (1): 61 - 78.

[106] Facts L E I. Figures of the Dutch Agri - sector 2008 [P]. 2008.

[107] Fatima S S, Wooldridge M, Jennings N. R. The Influence of Information on Negotiation Equilibrium [M]. Agent - Mediated Electronic Commerce Ⅳ. Designing Mechanisms and Systems. Springer Berlin Heidelberg, 2002: 180 - 193.

[108] Francesconi G. N. and Heerink N. Ethiopian Agricultural Cooperatives in an Era of Global Commodity Exchange: Does Organisational form Matter? [J]. Journal of African Economies, 2011, 20 (1): 153 - 177.

[109] Fulton M. and Giannakas K. Organizational Commitment in a Mixed Oligopoly: Agricultural Cooperatives and Investor - owned Firms [J]. American Journal of Agricultural Economics, 2001, 83 (5): 1258 - 1265.

[110] Fulton M. and Giannakas K. The Future of Agricultural Cooperatives [J]. Annu. Rev. Resour. Econ., 2013, 5 (1): 61 - 91.

[111] Giannoccaro I. and Pontrandolfo P. Supply Chain Coordination by Revenue Sharing Contracts [J]. International Journal of Production Economics, 2004, 89 (2): 131 - 139.

[112] Goodman L. E. and Dion P. A. The Determinants of Commitment in the Distributor - manufacturer Relationship [J]. Industrial Marketing Management, 2001, 30 (3): 287 - 300.

[113] Gripsrud G., Lenvik G. H. and Olsen N. Influence Activities in Agricultural Cooperatives: the Impact of Heterogeneity [J]. The Food Sector in Transition - Nordic Research, 2000.

[114] Gummesson E. Making Relationship Marketing Operational [J]. Interna-

tional Journal of Service Industry Management, 1994, 5 (5): 5 - 20.

[115] Guzmán I. and Arcas N. The Usefulness of Accounting Information in the Measurement of Technical Efficiency in Agricultural Cooperatives [J]. Annals of Public and Cooperative Economics, 2008, 79 (1): 107 - 131.

[116] Hallow, L. L. Behavior of Some Elliptical Theory Estimators with Non - normality Data in a Covariance Structures Framework: A Monte Carlo Study [M]. University of California, Los Angeles, 1985.

[117] Heide J. B. and John G. The Role of Dependence Balancing in Safeguarding Transaction - specific Assets in Conventional Channels [J]. The Journal of Marketing, 1988, 52 (1): 20 - 35.

[118] Hendrikse G. W. J. Contingent Control Rights in Agricultural Cooperatives [J]. Strategies for Cooperation. Aachen: Shaker Verlag, 2005: 385 - 394.

[119] Hennig - Thurau T. and Klee A. The Impact of Customer Satisfaction and Relationship Quality on Customer Retention: A Critical Reassessment and Model Development [J]. Psychology & Marketing, 1997, 14 (8): 737 - 764.

[120] Hewett K., Money R. B. and Sharma S. An Exploration of the Moderating Role of Buyer Corporate Culture in Industrial Buyer - seller Relationships [J]. Journal of the Academy of Marketing Science, 2002, 30 (3): 229 - 239.

[121] Holmlund M. A Definition, Model, and Empirical Analysis of Business - to - business Relationship Quality [J]. International Journal of Service Industry Management, 2008, 19 (1): 32 - 62.

[122] Holmlund M. The D&D Model - dimensions and Domains of Relationship Quality Perceptions [J]. Service Industries Journal, 2001, 21 (3): 13 - 36.

[123] Huntley J. K. Conceptualization and Measurement of Relationship Quality: Linking Relationship Quality to Actual Ssales and Recommendation Intention [J]. Industrial Marketing Management, 2006, 35 (6): 703 - 714.

[124] Jap S. D. "Pie sharing" in Complex Collaboration Contexts [J]. Journal of Marketing Research, 2001, 38 (1): 86 - 99.

[125] Joshi A. W. and Stump R. L. Determinants of Commitment and Opportunism: Integrating and Extending Insights from Transaction Cost Analysis and Relational Exchange Theory [J]. Canadian Journal of Administrative Sciences/Revue Canadienne des Sciences de l' Administration, 1999, 16 (4): 334 - 352.

[126] Kasouf C. J., Celuch K. G. and Bantham J. H. An Examination of Communication Behaviors as Mediators in Individual - level Interorganizational Exchanges

[J]. Psychology & Marketing, 2006, 23 (1): 35-56.

[127] Kevin L. and Web B. Hybrid Channel Conilict, Camses and Effeetives on Channe Performances [J]. Joumal of Business & Industrial Marketing, 2002, 117 (5): 338-356.

[128] Kim K. On Determinants of Joint Action in Industrial Distributor - supplier Relationships: Beyond Economic Efficiency [J]. International Journal of Research in Marketing, 1999, 16 (3): 217-236.

[129] Lagace R. R., Dahlstrom R. and Gassenheimer J. B. The Relevance of Ethical Salesperson Behavior on Relationship Quality: The Pharmaceutical Industry [J]. Journal of Personal Selling & Sales Management, 1991, 11 (4): 39-47.

[130] Lai R, Lin M W. Agent negotiation as fuzzy constraint processing [C]. IEEE International Conference on Fuzzy Systems, 2002. Fuzz - Ieee. IEEE, 2002: 1021-1026.

[131] Lusch R. F. and Brown J. R. Interdependency, Contracting, and Relational Behavior in Marketing Channels [J]. The Journal of Marketing, 1996, 60 (4): 19-38.

[132] Ana Maria Garcia Perez, Marian Garcia Martinez. The agrifood cooperative netchain. A theoretical framework to study its configuration [J]. Acta Agriculturae Scandinavica, 2007, 4 (1): 31-39.

[133] Matchaya G. C. Cooperative Patronage: The National Smallholder Farmers' Association of Malawi in Kasungu District [J]. Development Southern Africa, 2010, 27 (3): 397-412.

[134] Menon A., Bharadwaj S. G. and Howell R. The Quality and Effectiveness of Marketing Strategy: Effects of Functional and Dysfunctional Conflict in Intraorganizational Relationships [J]. Journal of the Academy of Marketing Science, 1996, 24 (4): 299-313.

[135] Miles R. E. and Creed W. E. D. Organizational Forms and Managerial Philosophies: A Descriptive and Analytical Review [J]. Research in Organizational Behavior: An Annual Series of Analytical Essays and Critical Reviews, 1995, 17: 333-372.

[136] Mohr J. and Nevin J. R. Communication Strategies in Marketing Channels: A Theoretical Perspective [J]. The Journal of Marketing, 1990, 54 (4): 36-51.

[137] Mohr J. and Spekman R. Characteristics of Partnership Success: Partnership Attributes, Communication Behavior, and Conflict Resolution Techniques [J].

Strategic Management Mournal, 1994, 15 (2): 135-152.

[138] Moorman C., Zaltman G. and Deshpande R. Relationships between Providers and Users of Market Research: The Dynamics of Trust [J]. Journal of Marketing Research, 1992, 29 (3): 314-328.

[139] Morgan R. M. and Hunt S. D. The Commitment - trust Theory of Relationship Marketing [J]. The Journal of Marketing, 1994, 58 (3): 20-38.

[140] Naudé P. and Buttle F. Assessing Relationship Quality [J]. Industrial Marketing Management, 2000, 29 (4): 351-361.

[141] Nilsson J. The Emergence of New Organizational Models for Agricultural Cooperatives [J]. Swedish Journal of Agricultural Research, 1998, 28 (1): 39-47.

[142] Nilsson J., Svendsen G. L. H. and Svendsen G. T. Are Large and Complex Agricultural Cooperatives Losing their Social Capital? [J]. Agribusiness, 2012, 28 (2): 187-204.

[143] Ortmann G. F. and King R. P. Agricultural Cooperatives II: Can they Facilitate Access of Small - scale Farmers in South Africa to Input and Product Markets? [J]. Agrekon, 2007, 46 (2): 219-244.

[144] Österberg P. and Nilsson J. Members' Perception of their Participation in the Governance of Cooperatives: the Key to Trust and Commitment in Agricultural Cooperatives [J]. Agribusiness, 2009, 25 (2): 181-197.

[145] Özdemir G. Cooperative - shareholder Relations in Agricultural Cooperatives in Turkey [J]. Journal of Asian Economics, 2005, 16 (2): 315-325.

[146] Palmer A. Cooperative Marketing Associations: An Investigation into the Causes of Effectiveness [J]. Journal of Strategic Marketing, 2002, 10 (2): 135-156.

[147] Prakash D. Capacity Building of Agricultural Cooperatives to Meet the Market and Human Resources Development Demands. A Step - by - step Approach [J]. 2000.

[148] Prakash D. Development of Agricultural Cooperatives - relevance of Japanese Experiences to Developing Countries [J]. 14th ICA - Japan International Training Course on "Strengthening Management of Agricultural Cooperatives in Asia", 18: 2000.

[149] Rabade L. A. and Alfaro J. A. Buyer - supplier Relationship's Influence on Traceability Implementation in the Vegetable Industry [J]. Journal of Purchasing

and Supply Management, 2006, 12 (1): 39 -50.

[150] Rackham N. , Friedman L. G. and Ruff R. Getting Partnering Right: How Market Leaders are Creating Long - term Competitive Advantage [M] . New York: McGraw - Hill, 1996.

[151] Reaves D. W. A Comparative Analysis of Food - Marketing Cooperatives in Spain and the US [J] . Journal of Food Distribution Research, 2005, 36 (1): 236.

[152] Ruben R. and Lerman Z. Why Nicaraguan Peasants Stay in Agricultural Production Cooperatives [J] . European Review of Latin American and Caribbean Studies, 2005, 78: 31 -47.

[153] Russo C. , Weatherspoon D. , Peterson C. and Sabbatini M. Effects of Managers' Power on Capital Structure: A Study of Italian Agricultural Cooperatives [J] . The International Food and Agribusiness Management Review, 2000, 3 (1): 27 -39.

[154] Sako M. and Helper S. Determinants of Trust in Supplier Relations: Evidence from the Automotive Industry in Japan and the United States [J] . Journal of Economic Behavior & Organization, 1998, 34 (3): 387 -417.

[155] Storbacka K. , Strandvik T. and Grönroos C. Managing Customer Relationships for Profit: the Dynamics of Relationship Quality [J] . International Journal of Service Industry Management, 1994, 5 (5): 21 -38.

[156] Suh T. and Kwon I. W. G. Matter over Mind: When Specific Asset Investment Affects Calculative Trust in Supply Chain Partnership [J] . Industrial Marketing Management, 2006, 35 (2): 191 -201.

[157] Szabó G. G. and Fertö I. Transaction Cost Economics and Agricultural Cooperatives: A Hungarian Case Study [J] . Dynamics in Chains and Networks, Wageningen, 2004: 245 -251.

[158] Thomas B. and Hangula M. M. Reviewing Theory, Practices and Dynamics of Agricultural Cooperatives: Understanding Cooperatives' Development in Namibia [J] . Journal of Development and Agricultural Economics, 2011, 3 (16): 695 -702.

[159] Valentinov V. L. The Organizational Nature of Agricultural Cooperatives: A Perspective from the Farm Problem Theory [J] . Journal of Rural Cooperation, 2005, 33 (2): 139 -151.

[160] Valentinov V. Why are Cooperatives Important in Agriculture? An Organizational Economics Perspective [J] . Journal of Institutional Economics, 2007, 3

(1): 55-69.

[161] Van Bruggen G. H. , Kacker M. and Nieuwlaat C. The Impact of Channel Function Performance on Buyer - seller Relationships in Marketing Channels [J] . International Journal of Research in Marketing, 2005, 22 (2): 141-158.

[162] Walter A. Relationship - specific Factors Influencing Supplier Involvement in Customer New Product Development [J] . Journal of Business Research, 2003, 56 (9): 721-733.

[163] Wang X. and Li M. Researches on Agricultural Cooperative Economic Organization Promoting Agricultural Insurance Development [J] . Asian Agricultural Research, 2011, 3 (7): 75-79.

[164] Williamson O. E. The Economic Institutions of Capitalism: Firms [M] . Macmillan USA, New York, 1985.

[165] Wong A. Partnering through Cooperative Goals in Supply Chain Relationships [J] . Total Quality Management, 1999, 10 (4-5): 786-792.

[166] Wong A. , Tjosvold D. and Zhang P. Developing Relationships in Strategic Alliances: Commitment to Quality and Cooperative Interdependence [J] . Industrial Marketing Management, 2005, 34 (7): 722-731.

[167] Xiang L. Y. and Sumelius J. Analysis of the Factors of Farmers' Participation in the Management of Cooperatives in Finland [J] . Journal of Rural Cooperation, 2010, 38 (2): 134-155.

[168] Zenger T. R. , Lazzarini S. G. and Poppo L. , Informal and Formal Organization in New Institutional Economics [J] . Advances in Strategic Management, 2002, 19: 277-306.

[169] Zeuli K. A. New Risk - management Strategies for Agricultural Cooperatives [J] . American Journal of Agricultural Economics, 1999, 81 (5): 1234-1239.

[170] Zucker L. G. Production of Trust: Intuitional Sources of Economic Structures [J] . Research in Organizational Behavior, 1986 (8): 53-111.

[171] Morgan, Robert M. and Shelby D. Hunt. The Commitment - Trust Theory of Relationship Marketing [J] . Journal of Marketing, 1994, 58 (7): 20-38.

后　记

　　四年的博士生涯，在老师、领导、同事、朋友的全力支持下，我走得辛苦却也收获颇丰。值此论文即将付梓之际，回想起无数个因博士论文而惆怅得几近失眠的夜晚，细数头上因焦灼而产生的白发，回味论文写作过程中的无数感动，百感交集，几近哽咽。回头懵懂的最初，抚思昔日之韶华，实在包含了太多人的关心和热情，谨以此致谢。

　　首先，衷心感谢我的导师王巾英教授对我的谆谆教诲和悉心关怀。导师已将近80岁的高龄，但仍为我逐字逐句修改论文，这种严谨勤奋的治学风格深深影响着我，让我备受感动。在论文写作中，每当我迷茫、失去信心之时，导师的点拨也总能让我拨云见日、柳暗花明。正是在导师的无私帮助和乐观鼓励下，我的博士论文才得以顺利进展并完成。导师前沿而精髓的学术造诣，从容、乐观、豁达、以身立行的做人风格，更让我领悟了"站着为人梯，弯着为人桥，躺着为人路"的真谛，影响着我今后的人生。

　　其次，感谢我的领导及团队带头人侯淑霞老师，多年来亦师亦友，对我工作和生活给予无限帮助，像亲人一样，在低落时给我的勉励，懈怠时给我的鼓舞，迷茫时给我的警醒，使我不断成长和进步；感谢商务学院的各位领导对我学习的全力支持，给我创造宽松的环境，使我工作和学习都能兼顾；感谢项目团队的成员申秀清、潘斌、郝娟娟、姜海燕、王雪瑞、卢迪颖、王志娟、刘宇鑫、鑫颖等，感谢他们在科研上给我的宝贵意见，在生活上对我的关心和照顾，沐浴在这样的氛围之中，犹如入芝兰之室，终生受益，每当想起点滴，暖意沁浸全身；感谢魏娟、刘媛媛、李长坤等同事的关心，在我为论文焦虑不堪的日子里，你们的一个电话、一句问候就能使我在低落的情绪中重新找寻到奋起的信心和决心；感谢贸易经济系全体同事对我教学工作及其他任务的分担，点点滴滴铭记在心；感谢我的博士同窗及好友薛君、卞亚斌、孙鹏军、王秀丽、常燕、崔婧、吴作凤、周小惠、赵艳轲等，感谢你们在读书期间的交流与探讨，四年来和大家共处的美好时光，将令我终生难忘。

最后，特别感谢我的家人，感谢我的爸爸、妈妈，是你们的言传身教、关怀备至，使我有了一颗善良勇敢的心，也使我能够稳步向前、不断进步。感谢我的公公、婆婆，是你们的默默支持，帮我分担家务，使我得以全力以赴，没有后顾之忧。感谢我的儿子牛牛，妈妈在你两岁半的时候就去读博，在你的成长期，不能陪在你身边，是我莫大的遗憾，是你的懂事，使我有了坚持下去的动力和勇气。感谢我的老公刘晓军，一直以来，你的宽容与宠爱是我最温柔的港湾和最重要的支撑，给予我无限力量和安全感，使我不断向前。每当我遇到挫折和困难时，是他们的鼓励和支持使我克服困难，完成学业。在此，谨以此文，献给我最亲爱的家人！

作者
2015 年 5 月